百円の男 ダイソー矢野博丈

大下英治

祥伝社文庫

目次

第二章　夫婦で一番売るトラック売店

第三章　一〇〇円の高級品

第四章　矢野式人材の育て方

第五章　破竹の海外進出

第六章　入社二年目のバイヤー

第七章　九九パーセントが自社開発商品

第八章　新しい風、生き残るために

エピローグ

プロローグ

「一〇〇円ショップ」最大級のダイソーの売上高は、平成三一年（二〇一九年）三月現在で、四七五七億円である。

店舗数は、国内に三三六七、海外には二八の国と地域に二一七五の合計五五四二。

販売する商品の総点数は、約七万点。一ヵ月あたり約八〇〇点の新商品を発売している。

このダイソーを創業した矢野博丈（やのひろたけ）は、ここまでの企業に成長させるのに様々な逆境をはね返し、数々の修羅場（しゅらば）をくぐりぬけてきた。

矢野は、没落した家に育った。そのため、絶えず将来の不安について考える癖がついてしまった。商売でも、先の怖さばかりを読む。

将来の怖さがよくわかるために、先を畏（おそ）れる力がすごくある。体が弱い人には先を恐れる力があるのと同じだという。

矢野にとっては、家が貧乏で苦労ばかりしてきたことが、結果的に役に立ったのだ。

矢野は語る。

「人生は、ある意味で運です。商品の値段を一〇〇円に統一したのは、トラックで移動販売していて、売上の計算までしていると手が回らなくなるから」

〈えーい、面倒くさい。全部一〇〇円でいいや〉

そこに道が拓(ひら)けた。

振り返ってみて、ダイソーがこれほどの企業になると思ったことは一度もなかった。

「十数年くらい前までは、『ダイソーなんて底の浅い商売ですから、やがては潰(つぶ)れる』と確信をもっていました」

「お客様はようわからん」

「ものごとは、ずっとうまくいくことはありえないんですよ」

「店舗が増えるのが怖くて『出すな。出すな』と言うてきた」

このような言葉から、記者が矢野につけたアダ名がある。

「不幸という服が体に張りついた億万長者」

矢野は「自己否定」という言葉が好きで、よく口にする。掌(てのひら)にも「ワシはダメだよ」と書いたことがある。

その他にも好きな言葉は、「恵まれない幸せ」「しかたがない」「分相応(ぶんそうおう)」など。いわゆる負け犬の言葉が大好きだ。

矢野は語る。

「恵まれている立場よりも、実際には、恵まれない立場にいる方が、その状況から頑張れるからいいんです。自分が恵まれた瞬間に力がどんどん落ちていくと思っていますから。自分は、大した人間ではないのに、こんなに偉い人にしてくれて申し訳ない。ありがたいというのを超えて、申しわけないと思っています」

「ありがとう、ありがとう」と感謝を口にすると、運が向上するという考えがある。

矢野は、その考えが大好きだ。

いまでも、どこかにスキがあるんじゃないかとつい思いを巡らせてしまう。矢野にしてみれば、現在は、夢を見ているような感覚に近い。

ダイソーを生き残らせていくために、よりよい商品の開発を目指してきた。

だから、昔はよく喧嘩をしていた。

一〇〇円均一の名刺を出すと、「あっ、一〇〇均か」と言われ、素っ気ない反応をされることも多かった。

「安売りかあ」などと言われると、矢野はすぐに反論した。

「ちがいます。一〇〇万円の車は安物ですが、一〇〇万円の家具は高級品ですよね。一〇〇円でも高級品を売っているんです」

そう言って、熱くなり、喧嘩になることも一度や二度ではなかった。

いる。

ダイソーは経営計画をもたない。が、商品ひとつひとつについては、徹底して計画している。

矢野は語る。

「やはり、いかに魅力的な商品を並べるか。一〇〇円で、一〇〇円のものしか買えなかったら、お客さんは興味を持ちません。一〇〇円で、これだけのものが買えるのか、と思ってもらわないとダメなんです」

ダイソーは、商品の価格が決まっている。

一〇〇円でどうやってつくるか。

一〇〇円で売って、どう利益を出すか。

様々な工夫や知恵を使い、流通コストなどを検討してきたから今がある。

矢野が語る。

「偶然ですが、一〇〇円というハンディが、結果的にダイソーの商品の品質向上に繋(つな)がったのだと思っています」

矢野は、自分はリーダー向きだとは思わなかった。だから、現場に溶け込むことを心掛けてきた。

〈ワシは、笑われたい〉

人に笑ってもらいたいという欲望が強い。そのため、ユーモアのある言葉をよく発する。

笑われたいという欲望は、父親の姿を見て抱いたものだ。

医者であった父親の基は、厳格であったが、一面よく冗談を言う人だった。

「先生、面白いことを言いますね……」

そう言って、患者が笑っている姿が、幼い矢野の心に焼きついていた。

当時社長だった矢野は、二〇一七年夏のわたしも出席した広島県呉市でおこなわれたもみじ銀行のセミナーに出席した時も、その懇親パーティーで例によっていたずら心を発揮していた。

出席者のひとりを捕まえるや、自分の背広のポケットから手のひらにおさまるくらいの小さく銀色に光るおもちゃのピストルを取り出し、相手に向ける。

「おい、手を上げろ！」

それから、今度はそのピストルを相手に手渡す。

「さぁ、ワシを撃ってくれ」

相手は、ピストルを矢野に向けるや、引き金を引いた。

一瞬、ピストルの先が赤い火のように光る。

相手が驚いて思わず声をあげ、顔を歪めた。引き金を引いたとたん、引き金に電気がピリピリッと走り、指に痛みさえともなう仕掛けになっているのだ。

矢野がニヤリ。

「悪いことしちゃいけん、というわけです。これもウチの商品で、一〇〇円です」

あらためて、そのような仕掛けまであるピストルが一〇〇円とは、と驚かされた。

矢野の茶目っ気は、それだけではおさまらない。

テーブルの上に、寿司や刺身や果物やオードブルが並んでいる。矢野は、ピストルの引き金を引いた相手に、サービス心たっぷりに声をかける。

「テーブルの向こうにあるイチゴ、取りましょう」

イチゴを取るには、テーブルの向こう側にまで歩いて行き、イチゴを取って皿に載せ、運んでもどらなくてはいけない。はたして、天下のダイソーの創業者が、そこまでサービスに徹することができるのか。

すると、矢野は、またニヤリ。

胸のポケットに手をやると、なんとそこにスプーンが差し込んであるではないか。

矢野はそのスプーンを取り出すと、スプーンの柄の先をグーッと引っ張った。あれあれ、スプーンの柄がどこまでも伸びるではないか。

矢野は、長く伸びたスプーンで、テーブルの向こうのイチゴをひょいとすくい取った。そのイチゴを引き寄せ、眼の前の皿に載せて見せた。

矢野は、先ほどピストルの引き金を引いた彼に、声をはずませて言った。

「どうぞ召しあがれ」

そばにいたわたしは、矢野に聞いた。

「それも、一〇〇円で売ってるんですか」

矢野は、顔をほころばせて答えた。

「いえ、まだ開発中で、商品として店には出しておりません。おそらく、一〇〇円では無理でしょう」

茶目っ気たっぷりの矢野が創り上げたダイソーの開発能力は、果てしないのだ……。

第一章　仕入れは貧乏と格闘技

父は「医は仁術」の医者

矢野博丈は、昭和一八年（一九四三年）四月一九日、中国・北京で生まれた。

矢野が生まれたとき、親から与えられた名前は、「栗原五郎」。男五人、女三人、八人兄弟の末っ子として生まれた。

父親は、長男こそ、祖父の「一郎」と母方の祖父の儀平から一字をもらい「儀郎」という名前を付けた。が、次男以降は、生まれた土地の名前を一字入れて名づけるようになった。そのため、次男は大阪市港区八幡屋町で生まれたので「幡二」、三男は大阪の住吉で生まれたので「住三」、四男は広島で生まれたので「広司」。そして、矢野も本来なら、五男で、生まれた土地は北京だったので「北五」とでもなるはずだったが、なぜか「五郎」という名前が与えられた。

矢野は、いいかげんに名づけたのだろうと思っているのだが、親としては、思いを込めすぎることに躊躇したのかもしれない。

なお、矢野はのちに結婚を機に妻の矢野の姓に変え、五郎も博丈に変える。

祖父は大地主、母は銀行の娘

明治三一年（一八九八年）生まれの父親基の生家は、広島県賀茂郡福富町にあった。広島県のほぼ中心部に位置する町で、現在は東広島市に編入され廃止となっている。

福富町は、昭和三〇年（一九五五年）七月一〇日、久芳村と竹仁村が合併してできた町である。

矢野の祖父の栗原一郎は、栗原家に養子として入った。教師であり、小学校の校長も務め、久芳村の村長を四期も務めた。

祖父の実家は、もともと庄屋で、地元の有力な豪農だった。番頭が四人もいた。そのため、祖母の加代は、よく自慢していた。

「この村のどこに行くにも、うちの田んぼを通るんだ」

よその家の土地を通らずとも、学校へ通えるほどだった。それほどの大地主の家に、父親の基は生まれた。

ところが、祖父の一郎は、莫大な借金を背負ってしまった。

一郎が借金を背負ったのには理由があった。栗原家の分家にあたる親戚の保証人になったからである。

親戚は、事業を起こす際に、金融機関から資金を調達する必要があり、祖父に保証人を頼んだ。結果的に、親戚の事業は失敗し、祖父は、生涯をかけて返済する羽目（はめ）になった。

資金繰りに困った栗原家では、番頭が矢野の父の基の結婚相手に資産家の娘を貰（もら）えるようにと、奔走するほどであった。

番頭の労が報（むく）われ、基は、愛子（あいこ）と結婚することになる。

母親の愛子は、広島銀行の前身行のひとつ「山岡（やまおか）銀行」の娘である。父親は広島県で有数の山持ち（土地持ち）であった。

母方の祖母は人をもてなすことが大好きで、この性格は矢野の椀飯（おうばん）ぶるまい好きに受け継がれている。

両親とも裕福な家庭で育った。

父親の栗原基は、大阪医大（現・大阪大学医学部）を卒業した後、医者として日本各地を転々としていた。大学からは、「学校に残れ」と何度も説得されたらしいが、家族を養うために開業せざるをえなかったようだ。昼は大学病院、夜は夜間開業をつづけた。

昭和一二年（一九三七年）七月七日夜、北京郊外の盧溝橋（ろこうきょう）付近で日本軍と中国軍の衝突が起こった。その盧溝橋事件をきっかけに日中戦争が勃発する。

昭和四年（一九二九年）一一月一三日に大阪市港区八幡屋町で生まれた次兄の幡二が小学四年生の昭和一四年（一九三九年）、栗原家は、旧制中学に通う長兄の儀郎を日本に残して、中国に渡った。基が中国行きを決めたのも祖父の借金が原因であった。

栗原一家が中国に渡って最初に住んだのは、山東省済南市だった。

基が最初に勤務したのは、山東省済南市の済南鉄道病院であった。ここは大きな病院であった。基は、済南鉄道病院で内科部長だった。

現在の済南市は、市区人口で約七〇〇万人ほどの大都市だが、当時も二四〇万人ほどが暮らしていた。

昭和一六年（一九四一年）一二月八日に太平洋戦争が開戦した。その直後、栗原一家は、済南市から華北平原の東北部にある天津市に移ることになる。天津市は、中国のなかでも有数の都市で、現在は、直轄市である。

当時の天津には、日本人小学校が六つもあった。そのため、基の勤務する病院では、中国人よりも日本人を診察する機会の方が多いくらいであった。

中国の南運河と北運河の交差地点にあたる天津は、古くからの商業の中心地だ。

日本人街のある天津の外国人居留地である租界は、水洗便所も完備してあり、とても清潔であった。

租界に住んでいる日本人は、日本軍の進出に合わせてではなく、それ以前の明治時代からの住民も多かった。彼らの多くは、東洋紡(とうようぼう)や日本紡績などの繊維関係の仕事に従事している仲買人(ブローカー)たちであった。矢野の兄、幡二の同級生たちも、半分くらいは、そんな仲買人たちの子どもだった。

幡二の通う天津中学はいわゆる進学校にあたり、多くの学生たちは大学への進学を目指していた。

昭和一八年、基の勤務先は北京の病院に変わった。矢野は、この年四月一九日に北京で生まれたわけである。

いっぽう幡二は天津で中学に通うようになっていたため、父の勤務先が変わったあとも、知人の家に下宿しながら、天津の中学に通った。

幡二は、天津に住んでいるときも、夏休みや冬休みになるたびに家族のいる北京に帰っていた。

国際都市である天津は、日本、イギリス、フランス、ドイツ、イタリア、ベルギーなど諸外国の租界があった。そして、その租界はそれぞれの国の特徴があった。イギリス租界には競馬場があり、フランス租界には美術館があった。物質面でも精神面でも日本の租界とはちがう豊かさを感じた。

幡二自身、租界の多い天津での生活のなかで、アメリカやヨーロッパ各国の生活の豊かさを目にする機会が多かった。

彼らの暮らしぶりや生活水準、文化水準の高さを見て、幡二は思っていた。

〈日本は本当に彼らの国と戦って、勝てるのだろうか……〉

幡二は、日本の敗戦の数日前から、そうした噂（うわさ）で聞いていた。同級生の中国人たちが盛（さか）んに話していたからだ。

「日本は負けるらしいぞ」

そのため幡二は、敗戦が明らかになっても、それほど驚かなかったし、「負けたら殺される」などと危機感を覚えることもなかった。

天津中学は、一クラス四〇人のうち、多くは日本人だった。が、中国人が二、三人ほど、朝鮮人も同じくらいいた。また、天津市には、青い目の同級生もいた。そのため、情報が早かったのであろう。

昭和二〇年（一九四五年）八月一五日、日本は、ポツダム宣言を受諾（じゅだく）し、連合国に対して無条件降伏を表明する。

幡二は、天津の中学校の練兵場で、ラジオから流れる昭和（しょうわ）天皇の玉音（ぎょくおん）放送に耳を傾け、日本の敗戦と長く続いた戦争の終結を知った。

いっぽう幡二以外の家族たちは、日本にいる一番上の兄の儀郎をのぞき、北京市の郊外、西郊（せいこう）にいた。天津の病院で働いていた姉の美那子（みなこ）も、北京に戻ってきていた。

敗戦後、少し経つと、下宿先にひとりでいた幡二を連れに父親が天津に向かった。それから北京に戻った。

そこから一家みんなで引き揚げることになった。

中国で、父親は威厳(いげん)に満ち威張(いば)っていたという。

「先生、先生」

そう呼ばれ、尊敬されはしたが、実は恐れられていたようだ。

そのため、幡二たちはハラハラし、不安な日々を送っていた。

〈あんなに偉そうにしていたのだから、中国人に何かされても仕方ないかもなぁ……〉

ところが、日本への引き揚げはスムーズにおこなわれた。医者として威厳を保ち威張りながらも、日本でもそうだったように、中国でも貧しい人たちからは無理して治療代をもらっていなかったのかもしれない。

広大な中国大陸の奥地にも、日本兵や日本人は進出していた。彼らは、北京を通り、天津を経由して日本に戻る。だが、引き揚げ船の順番もあり、すぐには帰国できない。

北京では、多くの日本兵や民間人が足止めを食らっていた。彼らがみんな寝泊まりするだけの施設が天津にはない。

そのため、田んぼなどに掘られた穴で、休んだり寝たりさせられた。幡二たち学生も、作業に協力し、穴を掘ったという。

引き揚げる際には、北京から天津市内の港のある塘沽（タンクー）に行き、船に乗った。黄海（こうかい）に面した塘沽は、港町で、そこから内地に帰るための帰国者用の船が一週間に一度出ていた。ＬＳＴというアメリカの上陸用の大きい船であった。ＬＳＴには、二〇〇人ほど乗ることができ、蓆（むしろ）を敷き、みんなで並んで寝た。

引き揚げ船で、矢野は人気者だったという。

「よちよち歩くけん、可愛（かわい）がられていた」

矢野は、兄の幡二からそう聞いた。

ただし、小言も言われた。

「おまえのために、ひとり分の荷物が持って帰れなかった」

昭和二一年（一九四六年）四月一五日、敗戦から半年以上経ってから、栗原一家はようやく内地に引き揚げてくることができた。このとき、矢野はまだ二歳だった。この日は、敗戦後初の衆議院議員選挙の日であった。

帰国船の到着場所は、山口県の仙崎（せんざき）港だった。港に着くと、すぐ近くのお寺に移動し、一泊した。

帰国者たちには、そこでひとりあたり一〇〇円ほどが交通費として支給された。

仙崎には、帰国者たちの一〇〇円をあてに商売をする人たちがたくさんいた。羊羹（ようかん）などの食料を相場より高い金額で売っているのである。帰国者たちは、「念願の内地の食べものだ」と思い、つい高い金額でも買ってしまう。

その後、汽車に乗り、広島に向かった。幡二は、みんな荷物を持てるだけ持ち、必死に移動したことを覚えている。

帰路の車内では、暴力団が暴れている場面に出くわすこともあった。そんなとき、幡二たちの父親は必ず彼らを止めて、注意しようとする。それほど真面目な男だった。

相手が暴力団だとわかっても、気にせずに説教しようとする。幡二と下の弟は、いつもとりなしや対応に追われていた。

正義漢の父親は、不正義に関しては徹底的なほど怒る人間であった。

広島駅に着いてからは、バスで二、三時間かけて、実家のある久芳村に帰った。

祖父は農地改革で没落、父は貧乏医者に

昭和二一年（一九四六年）一二月二九日、ＧＨＱ（連合国軍最高司令官総司令部）の指揮の下に農地改革がおこなわれた。大地主の土地の一町歩を超える部分を国家が買収し、小作農に売り渡し自作農にしたのだ。栗原家も、五反百姓に転落した。

「人生は絶対にうまくいかない」という矢野の確信めいた思いは、この没落から生まれた。

各地を転々としながら開業医として働く栗原の家庭は、貧しかった。

医者と聞けば、裕福な暮らしぶりを想像するだろうが、当時の医者は貧しいものだったという。

日本では、昭和三〇年（一九五五年）ごろまでは、国民の約三分の一が無保険者だった。その後、昭和三三年に国民健康保険法が制定され、昭和三六年に全国の市町村で国民健康保険事業がはじまり、だれでも保険医療を受けられる体制が整えられた。

そのため、矢野が高校を卒業するころまでは、正直、一家は貧乏だった。

いまのように豊かな生活ができなかった時代だ。貧しければ貧しいほど、人は病気にかかる。裕福な家庭の病人からなら躊躇（ちゅうちょ）なく治療代をもらえるが、貧しい家庭の病人には治療代を請求しなかった。

父親は、貧しい患者からは治療代を取らない医者として有名だった。

そのため、のちに矢野は、タクシーやバスに乗っているときに感謝されている。

「あなた、栗原さんの息子さんでしょう」

「ええ」

「お父さんによく似ているので、わかりましたよ。お宅のお父さんに、おふくろが命を助けてもらったんです。金もないのに」

「えっ……、そうだったんですか」

それも、一度や二度ではなかった。

父親は相当変わった人物だった。医者なのに、絶対に白衣を着なかったのである。

「どうも風邪をひいたらしいんです」

そう言って患者が入って来ると、なんと診察を断った。

「それがわかっとるなら、なにも医者に来る必要はない」

幼いころの矢野は、一日何十回も父親に怒鳴られた。

「こら！　五郎、勉強せい。勉強できんかったら、生きていけんぞ」

そんな怒鳴り声を、兄弟全員が同じように浴びせられて育った。

医者として診療する際に目にしてしまう患者たちの貧しさが、父親の懸念に繋がっていたようである。

父の帝王学

父親は、子どもたちに貧しい生活をさせたくなかった。

〈この子ら、どうしたら生きていけるんだろう……〉

貧しさから逃れ、この世の中で生きていくためには、勉強して手に職をつけさせるしかないと考えたようである。

とにかく、「手に職をつけろ」と言われた。

そして、親が願う職とは「医者」でもあった。

わが子のことが愛おしければ愛おしいほど、父親は必死になって声をあげた。

〈なんで、顔を見れば怒るのだろう……〉

矢野は、幼少期には、そんなふうにしか思えなかったが、大人になってからは、あの声が怒りの声ではなく、あふれる愛情からの声だったということをしみじみ感じた。

そのおかげで、矢野は今日の成功を手にすることができたと感謝している。

父親に怒鳴られた幼少期の矢野は、父親のように医者になろうなんて、まったく思いもしなかった。

〈医者みたいな貧乏なものになるもんか〉

ただ、母親の愛子は、父親の跡継ぎとして、子どもたちには医者になってもらいたいと考えていたようである。

結局、長男の儀郎、次男の幡二は母親の願いどおり医者になった。

しかし、三男の住三、四男の広司は、ふたりとも広島大学を卒業したが、医者にはならず会社員になった。

そして五男の矢野は起業した。

祖母とふたりで田舎暮らし

父親は、やがて広島市に出て、広島市中心部を東西に横断する約四キロメートルの「平和大通り」別名「百メートル道路」のそばの新川場大通りに小医院を開業した。

ただし、末っ子の矢野だけは小学生だったため地元に残された。

母親がときどき戻って来てくれたが、ふだんは祖母の加代と矢野だけの生活であった。

田畑は大幅に小さくなったとはいえ、家は庄屋時代のままで広い。十数もの部屋があって昼間でも薄暗い。

便所も二ヵ所あった。外と、家の中の方は廊下の一番奥で、矢野はどちらの便所に行くのも怖くてしかたがなかった。

祖母がいないと、暗い家にひとりで入ることができず、祖母が帰ってくるまで、いつも軒先で遊んでいた。玄関脇に大きな松の木があり、その太い枝の上に寝転がって、空や田畑、野山を眺めて楽しんだ。

厳しくしつけられてもいた。毎日の井戸水のくみあげや、羊や鶏、ウサギの世話は小学生の矢野の仕事であった。

矢野は久芳小学校で一番の成績をおさめた。当時は超優等生で、母親も婦人会長を務めていた。

まわりからは「お坊ちゃま」として扱われ、同級生からよく妬まれた。

「おまえばっかり、先生に贔屓されやがって」

だからといって、矢野が偉ぶったり、大いばりしていたわけではない。

むしろ、矢野は相手のことを気づかう、優しい心持ちの少年だった。


「すいません、すいません」


男手はみな広島に出ていっており、田舎には祖母と矢野しかおらず、五反といえども農作業には人手が足りない。

そこで、春になると、昔の番頭が集落の人たちに声をかける。

「今度、田植えをするから手伝いに」

近所の人たちが忙しい中、無理して手伝いに来てくれている。雨が降っている中でも田植えを手伝ってくれた。

田植えのときにはおにぎりやおはぎを振る舞い、夜は酒盛りの宴会で労をねぎらう。

矢野は、小学生ながら申しわけない気持ちになった。つい手伝いに来てくれている近所の人たちに「すいません、すいません」と頭を下げて歩いていた。

どうやら、このときから、気をつかうようになっていた。

「すいません」と「ありがとう」は、日本人のあいさつ代わりの言語だが、矢野は、人一倍「すいません」が多い。名刺交換するときも、電話で話すときも、終始「すいません」。その起源が実家でのこうした体験である。

同時に、田舎のそれぞれの家が新しく立派に建て直されていくようすをみて、矢野はうれしく思った。

〈ああ……、田舎のみんなの家が、次々と綺麗になる……〉

三人の悪ガキ

かつて海上保安庁の職員として働き、現在、一般社団法人海上安全ネット理事長の近藤英昭は、矢野の小学校の同級生である。ふたりは、広島県賀茂郡福富町（現・東広島市）の久芳小学校の同級生として、六年間、机を並べた仲だ。

矢野には、三人の遊び友達がいた。

悪ガキの宮下、近藤、父を校長にもつ真面目な竹内である。

特に宮下は、わんぱくで、まわりからも一目置かれていた。

同級生には、矢野のほかにもうひとり、開業医の息子がいた。担任の教師はその彼を

「坊ちゃん」と呼んでいた。いっぽうの矢野は「五郎ちゃん」と呼ばれていた。

その彼は、縁戚に当時の有力者がいたこともあり、教師も慮（おもんぱか）るところがあったのだろう。まだ、そういう時代であった。

矢野の小学校時代、隣町の小学校の同学年に医者の娘がいた。クミちゃんという名前で、その女の子は、とても綺麗であった。矢野、竹内、近藤らにとってアイドル的な存在であった。

小学校六年生のとき、その小学校で学芸会がおこなわれた。

矢野と近藤は、同級生の竹内を連れて、三人で学芸会に行った。クミちゃんの姿を見るために、一番前に座って、発表を見た。

「綺麗だな」

「かわいいな」

みんなでそう言いながら、見ていた。

まだ三人とも、手紙を出すようなことはできなかった。おたがいにライバル意識をもちつつも、遠巻きに見ているだけであった。三人の初恋の人であった。

苦学の中学時代

　矢野は、小学校は地元で卒業したが、中学校は、広島市に出て、市立国泰寺中学校に入学した。国泰寺中学校は、旧広島県立第一中学校の制帽と帽章、紫の校旗、質実剛健の伝統を受け継いで創立された学校である。

　矢野は、幼少を過ごした福富町から離れた。

　田舎では一番の成績をおさめていた矢野だったが、中学ではクラスで一〇番目となってしまった。

〈上には上がいるもんじゃのォ〉

　それでも、真面目に勉強したため、中学三年生になると五番まで順位を上げた。

　それを知った一年生のときの担任が、褒めてくれた。

「おい、栗原。おまえ、よくがんばったな」

　そのことが、矢野の思い出になっている。

　ただ、貧乏なのだけは変わらなかった。

　毎日、弁当はご飯と佃煮だけ。

　授業料の三六〇円も、父親からもらうまでが大変だった。

家には金がない。そのことを矢野はよく知っていた。

授業料のことを言い出せば、父親の機嫌は悪くなる。

「ええッ……、そんな大金、いるんか」

どのタイミングで言い出せば、父親が不機嫌になることを最小限に抑えることができるのか。そのことでの気苦労が絶えなかった。

広島の新川場の家には、風呂もない。だから、銭湯に行った。当時の銭湯は、午前四時ごろまで営業していた。日中や夜の銭湯には、近所の人たちが大勢いる。だから、父親は閉店間際の午前三時ごろになってから銭湯へ向かう。なるべく人目につかない時間帯を選んでいたのは、「医者なのに、自宅に風呂もないのか」と、近所の人たちから笑われたくないという医者としてのプライドからだったのであろう。

そんな姿を見て、矢野はしみじみ思った。

〈うちは、貧乏なんだな……〉

次兄の幡二は、父親に進路について相談してもあまりはっきりした答えを得られなかった。おそらく経済的な問題があったのだろう。

そのころ、戦争末期の昭和二〇年二月につくられた広島県立医学専門学校の存在を知った。幡二は、その学校を目指すことにした。

昭和二二年（一九四七年）四月、幡二は、広島県立医科大学に入学した。予科に三年行き、その後、本科に四年通い、卒業することになった。

いっぽう岡山大学医学部を卒業した長兄の儀郎は、広島市民病院に勤めながら、父親の病院を手伝っていた。

家屋併設の診療所は狭く、その後、広島市中区白島（はくしま）に、二〇床はある栗原医院を開業する。

バカにされボクシングに熱中

広島県立広島国泰寺高校に進学した矢野は、ボクシングに熱中した。それには、理由があった。

田舎者で純粋な広島弁を話す矢野を、広島市育ちの同級生たちはバカにした。

「どうして、こうなるのですか？」

そう先生に質問するとき、矢野は次のように言ってしまう。

「それ、どがんして、こがんなる？」

同級生たちは、自分たちとはちがう言葉を使う矢野を大笑いし、そして、いじめた。優秀な子たちが集まった高校だったため、暴力を振るったりはしない。そのかわり、小賢（こざか）しく陰湿に矢野が嫌がることを仕掛けてくる。

矢野も、いじめられてばかりではいられない。

〈こんちくしょう……〉

どうやら、矢野が学校でバカにされているという噂が、田舎にまで届いたらしい。

叔父がたずねてきて、矢野に聞いた。

「おい、五郎。おまえの学校に、同姓同名の子でもおるの？」

矢野は、驚いた。

「ええっ……」

「クリハラゴロウって田舎モンがいると聞いたが、どういう男なんだ？」

黙ってうつむいている矢野に、叔父が優しく言った。

「おまえの親父には黙っとるけん、ボクシングの町道場に行け」

矢野にとって、うれしい言葉だった。

〈よーし、これで、一泡吹かしたる！〉

矢野は、ボクシングに熱中した。

どうやら、矢野にはボクシングの才能があったらしい。

矢野が高校生のとき、女の子をよくからかったりする同級生の男子がいた。見かねた矢野は、その同級生をつい殴ってしまった。

なにしろ、矢野はボクシングの選手である。パンチは鋭い。

後日、その同級生の親が、ものすごい剣幕で栗原家に押しかけてきた。

「親を出せ！」

頑固者の父親が出ていけば、話がこじれることになる。父親の代わりに長兄の儀郎が応対した。

儀郎は、相手の親に言った。

「それじゃあ、ワシを代わりに殴ってくれ」

が、怒鳴り込みに来た親も、さすがに儀郎を殴ることはできなかった。

結局、儀郎がその場で矢野を殴ってみせ、なんとか場をおさめた。

数人の不良を返り討ち

矢野が高校生のときに、広島市から、地元の広島県賀茂郡福富町に帰ってきたときがあった。

そのとき、小学生時代の同級生の近藤英昭は矢野とともに映画を見に行った。

しかし上映中、矢野がいつのまにか席を立ち、その場から消えた。

実は、矢野は地元の不良たちから呼び出しを受けていたのだ。その不良たちは、ほとんどが地元の上級生であった。

矢野は山に行き、数人の不良たちを相手に向かい合ったという。

不良たちは、柔道をやっていた男や、ワルで有名な男らだった。

矢野が、ボクシングをやっていることを、彼らは知らなかった。

のちに西条町（現・東広島市）でおこなわれた同窓会で、そのなかにいたひとりに近藤が尋ねた。

そのひとりが明かした。

「栗原が生意気だから、やっつけようと思ったんだ。ところが、逆に返り討ちにあったよ。栗原がボクシングをやっていたのを、ワシらは知らんかったんじゃ」

しかし、矢野本人はそのときの喧嘩のことをまったく覚えていないと謙遜する。

また、近藤は、呼び出しを受けた際に、近藤に言わずにひとりで向かっていった矢野の度胸に感心した。

「仕入れは格闘技」という矢野の口癖は、ここに淵源がある。

東京オリンピックの強化選手に

矢野は、高校三年になると、昭和三九年（一九六四年）に開催される東京オリンピックのバンタム級強化選手に選ばれた。

ちなみに、東京オリンピックでは、桜井孝雄がバンタム級で金メダリストになるのだが、矢野はその桜井に憧れていた。

〈桜井選手のようになりたいのォ……〉

広島から三人ほど選ばれた強化選手の中には、のちにフライ級で二度、日本タイトルを獲得したスピーディ早瀬がいた。

矢野は、自分がなぜ強化選手に選ばれたのか、よくわからなかった。

〈もっと強い選手がいるのに、なんでワシ、選ばれたんかのォ……〉

ボクシングにのめり込んでしまった矢野の学校の成績は、みるみるうちに低下。三六〇人中、三四〇番までになっていた。

それでも、矢野に悔いはなかった。

〈ワシは、ボクサーで食っていく〉

むしろ、ボクサーになるには勉強は邪魔だとさえ思った。

父親にも、はっきり告げた。

「ワシ、ボクサーになる」

それを聞いた父親は、怒鳴った。

「バカかい！　おまえみたいなもンが、反骨精神満々のタイの選手に勝てるわけがないじやろう！」

それでも夢を諦めなかった。

矢野は、東京にあるプロのジムの門を叩いた。

しかし、一瞬で愕然とした。

はめたグローブに、戸惑った。

〈おい、ちょっと待て。グローブの厚みが足りんど……〉

広島ではめていたグローブの半分しかなかった。

〈このグローブで、パンチをガンガン食らったら、ワヤでよォ……〉

闘争心より恐怖心の方が、勝っていた。

それを素直に認めた矢野は、気づいた。

〈あっ……、ワシには能力がないんじゃのォ……〉

矢野は、すぐさまボクシングをやめた。もしそのままボクシングをつづけていたら、彼の運命は大きく異なったものになったであろう。

中央大学理工学部二部にやっと合格

矢野は、卒業後の進路を考えた。

高校時代はボクシングに明け暮れ、勉強は一切していない。

〈大学を受験したとしても、合格できるわけないしな……〉

入学試験は、ひとつも受けなかった。

それでも、父親が厳しく言う。

「大学へ行け！」

矢野は、浪人することになった。

母親側の親戚に、東京・市ヶ谷にある城北予備校の関係者がいた。そのため、予備校の試験を受けずとも予備校に通うことができた。

下宿は、吉祥寺に決めた。

予備校には、中央・総武線の電車一本で通える。

しかし、しだいに通わなくなっていた。

〈なんか、パズルみたいで……、まったくわからん〉

月に一、二回ほど、それも二時間だけ顔を出すくらいで、あとは、下宿で遊んでいた。

このころの矢野は、未来を描く能力もなく、意志が弱い男だった。

それでも、予備校に通わせてもらっている手前、大学を受験しないわけにはいかない。

〈うーん、こりゃダメじゃ〉

下手な鉄砲も数撃ちゃ当たるではないが、大学受験の際、提出しなければいけない「調査書」を国泰寺高校から一七通も取り寄せた。

矢野の予想通り、受験はことごとく失敗していった。

一七通あった調査書も、残り一通だけになった。

〈こうなったら、中央大学の二部じゃ。二部なら受かるかもしれん。二年生になるとき、こっそりと一部へ移ればいい。どうせ、オヤジにはバレんだろう〉

中央大学理工学部土木工学科の二部、つまり夜学を受験し、なんとか合格した。

矢野は、広島にいる父親に合格を知らせに帰った。

「中央、受かった」

もちろん、二部とは言わない。父親は、安心したようだった。

国泰寺高校へも報告に行ったところ、先生から声をかけられた。

「おい、栗原。おまえ、どっか受かっただろう」

「えっ……、どうして、わかるんですか？」

「調査書を一七通も取ったのは、おまえがはじめてだ。一七も受験したら、さすがにどっか受かるじゃろう」

八百屋で「練馬のお兄ちゃん」

中央大学理工学部二部に入学した矢野は、新宿にある淀橋市場でアルバイトするようになった。

淀橋市場は、大正一二年（一九二三年）の関東大震災以降、人口が急増した東京市の周辺区部や郡部の青果物供給拠点として整備され、昭和一四年（一九三九年）、淀橋区役所の隣に開設された青果市場である。

矢野は、ある仲買業者のバナナ販売の責任者として早朝六時から働いた。

当時は、「台湾バナナ」全盛の時代である。大量に仕入れたバナナは、まだ若く「青バナナ」の熟していない状態で市場に届く。しかし、そのままでは食べられない。そのため、バナナをいったん地下にある室、つまり加工室に入れる。そこで管理し、追熟させる。これによって色が見映えのいい黄色に変わり、ようやく店頭に並ぶのである。

矢野は、店頭に販売できるようになった黄色いバナナを、練馬にある青果地方卸売市場に運び、そこで八百屋や果物屋に卸していた。

ところが、夏になると、バナナは一晩で黒く熟してしまい、売りものにならなくなってしまう。矢野は、責任感から、少しでも廃棄するバナナを減らしたいと思った。

練馬駅から五分ほど歩いたところに「八百徳」という大きい八百屋があった。その八百徳の社長に、頼んだ。

「社長、今日、バナナが二籠ほど残ったんです。わたし、このバナナを売りたいので、八百徳さんの店頭を貸してくれませんか？」

この申し出を、八百徳の社長は歓迎してくれた。

矢野は、練馬の八百徳まで移動し、夕方五時ごろまでバナナを売った。

まだスーパーマーケットがない時代である。八百徳は、買い物客で活気を帯びていた。

店頭に立っていれば、客が声をかけてくる。

「お兄さん、大根はどこにあるの？」

「今日は、何がおススメ？」

矢野は、店内を走り回った。

一所懸命になって商売をする矢野の体は熱を帯びている。自然と上半身裸になって働いた。

それは、真冬でも、雪が降っても一緒だった。

矢野は、いつのまにか「練馬の裸のお兄ちゃん」として有名になっていた。

無我夢中で働き稼ぎまくる

矢野は、とにかく働いた。

働いていないと、父親基の怒鳴り声が聞こえてくる気がする。

「五郎、働け！　働け！」

矢野は、父親の声を聞くや、まるで条件反射のように働いた。なにより、働くことが好きだったのである。苦痛などなかった。まるで東大生が好きで勉強をするのと同じように、矢野も無我夢中で働いた。

当然、お金も入ってきた。

淀橋市場からは、一日一〇〇〇円もらった。そのころの日給は五〇〇円だったが、よく働くため矢野には二倍の給料が支払われた。

八百徳でも、バナナを売るだけではなく、商売を手伝ってくれた代金として一日一〇〇〇円をくれた。

こうして、矢野は、なんと一日二〇〇〇円も稼ぐようになった。

大学の授業料も生活費も部活動費も、すべて自分で稼いだ金でまかなった。そのほか、卒業までに一〇万円を貯金するほどだった。

大学の授業は、夕方五時半から夜一一時くらいまでつづく。

早朝からの仕事を終えたあとに、大学へ行き、授業を聞く体力は、そうそう残っていなかった。

四年間の大学生活の中で、授業に出たのは、一〇〇日あるかないかだ。

あとは、アルバイト先から下宿に帰り、家でぼーっとすごすことが多かった。朝早くから働いているため、さすがによく眠れた。

怖い父が突然の上京

大学一年の夏休み前のことだった。この日は、たまたま大学の授業に出ていた。夜の一二時ごろ帰宅した矢野に、下宿先のおばさんが声をかけた。

「今日、お父さん、来ていたわよ」

それを聞いた矢野は、ぞっとした。

〈えーっ、ワシ、大学には昼間通っているって、オヤジには言うとったのに……〉

恐る恐る、聞いてみた。

「それで、おばさん、オヤジにどのように言うたん?」

「ちゃんとよく言っておきましたよ。『五郎さん、昼間はちゃんとアルバイト先で真面目に働いて、夜は、きちんと大学に行っておられますよ』って」

矢野はショックで倒れそうになった。

〈うわーっ……〉

怖い父親だ。嘘(うそ)がバレたことでどれほど叱られるのだろう。そのことが、頭をよぎった。

このときのことは、矢野の人生の中でも忘れることができないショックな経験のひとつとなっている。

父親の基は、矢野が下宿していた吉祥寺の近所に住んでいた友だちに会うために上京していた。

矢野は、父親に会いにその家に行った。

開口一番、怒鳴られることを覚悟していた。しかし、なんと、予想とはちがったのである。穏やかに声をかけてくれたではないか。

「おう、五郎、元気にやっとるか」

「すいません」

矢野は、素直に謝った。

「まあ、ええわ」

このときの父親の本音はわからない。出来の悪い息子に愛想を尽かしたのか、それとも、最初から諦めていたのか。昼に大学へ通っていると嘘をついたことを、まったく責めなかった。

出来の悪い子どもだと知りながら、わざわざ顔を見に来てくれた親心に、矢野はただただ感謝した。

そんな父親に、嘘をついてしまったことがうしろめたかった。

「お父さん、もう、仕送りはいいです。うちが貧乏ということは、知ってますから……。授業料も生活費も、全部自分で工面できますから、仕送りは、もう結構です」

うしろめたさを隠すために、精一杯の見栄（みえ）を張った。

女性には奥手、山好きな大学生

矢野は働くことには前のめりでも、女性関係には奥手だった。女遊びもしなければ、女性にもまったくモテなかった。

吉祥寺の下宿先の一階に、姉妹のホステスが住んでいた。この姉妹は、まだテレビがそれほど普及していない時代に、テレビを持っていた。

矢野はときどき、テレビを観させてもらうために、この姉妹の部屋を訪れていた。

「すいません。テレビ、観せてください」

真夏の夜、テレビ画面には野球中継が映っていた。

暑いため、姉妹はシミーズ一枚だけだ。ときどきむっちりしたふとももものあいだのパンティがちらちらと目に入る。

〈ああ……、誘えればええんじゃろうがなぁ……〉

矢野は、葛藤した。

〈どうしよう……、どうしよう……〉

結局、何もできずに野球中継を観ただけで、二階にある自分の部屋に帰ったことが三回もある。

女性に関しては初心だったのである。童貞は、結婚するまで捨てることができなかった。

ボクシングをやめた矢野は、入学した中央大学二部でワンダーフォーゲル部をつくった。新たに部活をつくるためには、大変な作業があった。

「ワンダーフォーゲル」とは、ドイツ語で渡り鳥という意味である。大学生のクラブ活動の中では、本格的な登山を目指す山岳部とちがい、比較的低い山で長期にわたる徒歩旅行を楽しむクラブとして定着している。

矢野は、年間六五日も、山に登っていた。毎週土曜日になると、新宿駅か上野駅に向かい、そこで地図を広げ、仲間五、六人と話し合う。

「今日は、どこへ行こうか」
「谷川岳にしようか」

山岳部ではないため、危険な山に登るというわけではないが、当時はしごきが厳しく、他の大学では死者が出ることもあった。

矢野も「女の子とハイキングができる！」と軽い気持ちで部をつくったが、活動するうちに驚いた。

〈これは、話がちがうぞ〉

ただ、体力には自信があった。しかし、それでもダメだった。

あまりのキツさに、背中からリュックをおろすと同時に、そのまま小便を漏らしてしまうほどだった。

それでも、一年生の後輩がダウンしたときには、代わりに荷物をもってやる優しさも見せていた。

「顔からは想像できない細かい仕事をする男」

矢野は、初代「カニ族」である。いまでは、世界的に「バックパッカー」として知られているが、当時は、横長の大型リュックサックを背負った旅装、およびそのような出で立ちの者たちは「カニ族」と呼ばれていた。大量に荷物の入る大きなリュックサックは、キスリング型リュックサックと呼ばれる横長のものしかなかった。幅が八〇センチメートル程度あり、背負ったままでは列車の通路や出入り口は前向きに歩くことができず、カニのような横歩きを強いられたこと、また、リュックサックを背負ったうしろ姿がカニを思わせることから、この名が自然発生した。

自分の自動車やオートバイをもつ若者は少ない時代だったため、長距離・長期間の国内旅行には鉄道が利用され、駅に寝泊まりしながら旅をした。

「カニ族」は、一九六〇年代後半から一九七〇年代末期にかけ、登山者や、長期の低予算旅行をする若者に多く見られた。

大学のワンダーフォーゲル部の仲間であり、カニ族として一緒に旅をした大木嵩は、佐野眞一の『人を覗にいく』（ちくま文庫）の一編「一〇〇円で辞書まで売る男ー矢野博丈・ダイソー社長」で当時の矢野をこう振り返っている。

「矢野の仇名は『ゴリ』でした。名前も五郎だし、ゴリラみたいな風貌でしょ。愚痴をこぼしたり、参ったとは口が裂けてもいわなかった。後輩の面倒みもよくて、金がなくともオゴるようなところがありました。一緒に北海道の大雪山に行って道に迷ってしまったことがある。熊が出るかもしれない場所で、一夜を過ごさなくてはならなくなった。すると『ゴリ』は枕元に鉈を置き、ガソリンを入れたポリタンクとライターを置いて寝たんです。あの顔から想像できない細かい仕度をするんです」

矢野曰く、大雪山での一夜は、たしかに恐怖の一夜だったという。

風が吹くと笹の葉が鳴る。その音が、まるで熊が歩いてくるように聞こえる。

「熊が来たらどうしよう……」

「ガソリンを熊にかけて、ライターで火を点けて逃げよう」

矢野が知恵を働かせたのである。

大学生時代に結婚、改名する

下宿していた矢野は、食事を御馳走になることを目的に、よく千葉県船橋市に住んでいる親戚夫婦宅を訪ねていった。

その夫婦宅に双子の姉妹がいた。聞いてみたら、旦那の妹たちだという。年齢も矢野と同い年で、立教大学に通っているという。

双子ということで、顔立ちはそっくり。しかし、話してみると、性格はまったくちがう。勝気な気性の姉の矢野勝代に、矢野は好意を抱いた。

矢野の方からアピールし、交際がはじまった。

勝代とはしょっちゅう喧嘩したが、二年ほど交際したころに、自然と結婚話がもちあがった。

このころの矢野に、夢はなかった。

〈将来、ワシは飯を食えるような社会人になれるのかな……〉

そんな不安を抱えながらも、いっぽうで、自信だけは誰にも負けないほど持っていた。

〈ワシは社会に出て、絶対、成功する。ひとかどの人間になる〉

この自信は、高校時代にボクシングのオリンピック強化選手に選ばれたことと、大学に入学して二部のワンダーフォーゲル部を立ちあげ、成功させたところから来ていた。

学生でありながら結婚することに疑問などなかった。むしろ、学生時代に結婚したかった。

〈家は、貧乏だ。学生なら、お金をかけずに結婚式ができる〉

矢野のすぐ上の兄の広司が結婚したときには、大きな神社で盛大な結婚式をした。そのようすを見ていた矢野は、気を遣(つか)ったのだ。

〈ワシも、結婚式を挙げると言ったら、親父に負担をかけてしまうからな……〉

すでに親からの仕送りをもらわず、自立していた矢野は、授業料、部屋代、生活費などを自分が稼いだ給料から差し引いても、月に一万円ほど貯金できる余裕があった。

学生なら、結婚式を質素に済ますことができる。

矢野は、大学を卒業する半年前、広島の実家に両家の家族を集め、勝代との結婚式を挙げた。

そして、矢野は、学生結婚を機に、「栗原」という苗字(みょうじ)を捨てた。

〈将来、ワシは商売で生きていく〉

そこで、思案した。

商売をするには、屋号が大事だ。クリハラ商店、クリハラ物産、クリハラ商事。四文字は、長すぎる。覚えにくいし、言いにくい。

いっぽう、妻の苗字は、「矢野」だ。ヤノ商事、ヤノ物産、ヤノ商店。二文字の方が言いやすいし、親しまれやすい。

あっさり「矢野五郎」に変えた。

その考えを、父親に話したところ、意外な言葉が返ってきた。

「五郎、正解じゃ」

父親は、喜んでくれた。

商売をするうえで、「矢野」の苗字に変えたことは、結果オーライだった。

しかし、「五郎」という名前は、のちに起業し、社長になっても威厳を保てず、だれかれ構わず「五郎ちゃん、五郎ちゃん」と呼ぶため、貫禄不足であることが悩みだった。

そこで、のちに姓名判断の先生に頼み、「博丈」という名前に改名することになる。

矢野は、改名したことはまちがいなかったと思っている。

〈この名前がなかったら、ここまで成功できなかった。名前、様様だ〉

要領のよさで、大学を卒業

父親に「大学の学費も生活費も自分で何とかできる」と断言して以降の三年半、矢野は自分で稼いだ金で生活した。

そんな矢野に父親は何も言わなかったが、兄たちからは、よく叱られた。

「バカか、おまえは。大学に籍を置きながら学生をしないとは。おまえがしなければいけないことは、働くことじゃない。勉強だ。勉強することが仕事だ。働いて格好をつけやがって。おまえは、本当にバカだ」

結局、大学に籍を置いたものの、実際、授業に出席したのは一〇〇日ほど。

卒業できるか、できないか。運命は、卒論と単位で決まる。

大学四年になった時点で、卒業に必要な一二六単位の半分以下、六二単位ほどしか取っていなかった。

慌てた矢野は、要領のよさを発揮する。

たとえば、ドイツ語である。出席数が圧倒的に足りていない矢野は、試験でよい成績をとることに懸けた。ドイツ語の教科書は、イソップ物語で構成されていることに気づいた。片っ端から日本語版のイソップ物語を読み、登場人物とストーリーを暗記した。そのおかげで、試験では、問題文に「熊」が出てくれば、「熊」が登場したストーリーを思い出して答えを記入するという手法で切り抜けた。

いっぽう、卒論は「橋の橋梁設計」がテーマだ。まず、測量をしなければならない。しかし、そんな作業、できっこない。計算だけで一ヵ月の時間が必要だ。そこで、矢野は、超優秀な同級生に助けてもらった。

「卒論、写させてくれ。どうせ、先生にはわかりゃせんけえ」

心優しい同級生は、矢野を助けてくれた。

それでも、写さなければならない計算式などの量は膨大である。製図も計算式も、丸写しするだけで二週間もかかった。

同級生と同じ卒論を、矢野は悪びれず提出した。

担当教授から、矢野に質問が出された。

「この橋梁の高さは、どこの計算から出した？」

矢野にわかるわけがない。

「先生、すいません。ここ一週間、寝ていないんです。もう、限界なんです。ちょっと考えさせてください」

そう言って、教室の外へ出た。

廊下で待機してくれている卒論を写させてくれた同級生に、出された質問の回答を聞いて教室に戻った。教えてもらったことを、そのまま答えた。

それを繰り返し、なんとか、卒論は受理してもらうことができた。

ちなみに、このとき矢野を助けてくれた超優秀な同級生は、のちに和歌山工業高等専門学校の教授になっている。

哲学者木田元（きだげん）教授の温情

矢野が「すごい！　本当に燃えている先生だ」と感服した先生に、哲学を教えていた「木田元」がいる。

木田元は、マルティン・ハイデガーなどの研究者で、平成二二年（二〇一〇年）九月、日本経済新聞「私の履歴書」に自伝を連載している。

矢野は、木田の担当である哲学の試験に失敗し、単位を落としかけ、泣き落とし作戦に出たこともあった。

どうしても哲学の単位が欲しかった矢野ら学生たちは、心理戦で勝負に出た。

「先生、あの……、じつは、先生の授業を聴きたくても生活が苦しくて出席できなかったんです。再試験、お願いできませんか？」

「先生、助けてください。お袋も、田舎で、帰ってくるのを待っているんです」

矢野たちは、先生から同情を買って、なんとか試験を受けられるよう粘った。

しかし、甘くなかった。

「君たちは、なにバカなことを言っているんだ！」

木田が、怒鳴り声をあげた。

「俺は、一年間、君たちを一人前の中央大学の大学生として送り出すために、一所懸命努力してきたんだ。君たちが社会に出て生きていくために、俺は、命を懸けて哲学を教えたんだ。なんとかして欲しいのは、俺の方だ。それを助けてくださいだなんて、とんでもない」

その声を聞いた矢野は、諦めた。

〈あっ……、こりゃダメじゃ〉

いったん、諦めた矢野だったが、それでもどうしても単位が欲しかった。

矢野は、ダメ元で再度、木田に頼んでみた。

そうしたところ、一回目より態度を柔らかくしてくれ、再試験をしてくれることになった。

そんなことをしながら、矢野は無事に卒業できるだけの単位を取得することができた。

木田には、驚かされるとともに感謝した。

〈やっぱり、哲学の先生は、心が優しい〉

大学卒業後、屑屋を希望

卒業が決まった矢野には、三つの選択肢があった。

卒論を担当していた水道学の教授が、矢野に声をかけてきた。

「ところで、就職は決まっているのか」

「決まってません」

そう答えると、教授が勧めてきた。

「それなら、俺の友だちがやっている土木会社に行かないか」

「えっ」

突然のことで、矢野は驚いた。

「でも、ぼく、測量の『そ』の字も知らないですし、授業にもちゃんと出てませんから……」

戸惑っている矢野に、教授は言った。

「いや、そんなことはどうでもいいんだ。彼は、君に土木技術を求めているんじゃない。人間性のいい子がほしいと言ってるんだ。行ってやってくれ」

スカウトされた矢野は、有頂天になっていた。

〈ほれ、見てみろ。ワシは、それなりの人間なんだ。ひとかどの人間になれるんじゃヤ〉

安堵感を覚えた矢野は、教授に返事した。

「わかりました。先生、考えておきましょう」


ふたつ目は、自分で商売することだった。

学生結婚をした矢野が勝代と住んでいたアパートの二階の窓から見える裏側に、三〇〇坪ほどの土地があった。そこにあるトタン屋根の建物には六五歳くらいの老夫婦が住んでおり、屑屋をしていた。

毎日、夕方になるとゴミを積んだリヤカーを引っ張って、夫婦が三組やってきた。

〈ほほお……、専属のリヤカーは三台くらいか……〉

近所には、矢野の従兄弟が住んでいた。従兄弟は、三六坪の土地に二〇坪の家を建て、ローンを組んで、返済に追われるようにすごしていた。

矢野は、両者を比べて思った。

〈三台のリヤカーで三〇〇坪の土地か……。サラリーマンより屑屋の方が、よっぽどええなあ〉

世間体や見かけではなく、商売としての儲けを重視した矢野は、閃いた。

〈リヤカーでこれだけ儲かるなら、これを車でやったら、もっと儲かるな。よし、屑屋をやろう〉

ただ、医者の父親に「屑屋になる」と言ったら、反対されるだろうと思った。が、そのときはそのときだ。

矢野は、父親に商売の計画を話した。

「そりゃ、面白い。屑屋、やれ」

あっさり賛成してくれたので、矢野は拍子抜けした。

どうしてそんなふうに言ってもらえたのか、不思議だったが、理由は簡単だった。

「患者に、屑屋から商売をはじめ、アルミの屑鉄業でお金持ちになった人がいるんだ」

父親は、屑屋が儲かる商売だと知っていたのである。

広島の妻の実家の家業の実態に驚く

屑屋で一国一城の主となる気でいた矢野だったが、結局は、三つ目の選択肢を選ぶことになる。

妻の勝代の実家は、広島の尾道(おのみち)市で「魚光(うおみつ)」という有名な魚問屋を経営し、同時に養殖業にも参入していた。福山(ふくやま)市には七〇坪と四〇坪のふたつの店舗を構えていた。当時、魚屋は二〜五坪ほどの店舗の小売業が主流だった時代からすると画期的である。

養殖業では、まだ、あまり扱われていなかったフグなども東京、大阪、京都に出荷していた。

妻の勝代は女だけの四人姉妹。長女が婿をとり、その婿が社長になった。ところが、その婿が典型的なワンマン社長で、威張り散らすため、従業員と対立ばかりしていた。

とうとう、婿が家を出ていくことになった。

「このままでは潰れてしまう。代わりに、専務をやってくれ」

妻の父親に、矢野は頼み込まれた。

〈そう言われてもなぁ……。もう屑屋で一旗あげようと決めているのに……〉

悩んでいた矢野に、義母がひとこと言った。

「屑屋へ嫁にやるために、娘を立教大学に入れたんじゃない！」

この言葉が、矢野の胸に突き刺さった。

矢野は、妻の家業を継ぐことにした。

昭和四二年（一九六七年）三月、中央大学理工学部土木工学科の二部を卒業した矢野は、広島に帰った。

「魚光」は、経営がうまくいっていないといっても、二、三〇人くらいの社員がいるものだと思っていた。が、行ってみると二人くらいしか残っていない。

養殖業は潰れかけ、魚屋は任せっきり。

残ってくれた六五歳くらいのおじいさんと、ものわかりのよい三五歳の職人と、矢野の三人で、猛烈に働いた。

巨額の借金で潰れかける

朝、ねじり鉢巻きをした矢野は、魚のエサを取ってくる。それを冷蔵庫に入れ、船で沖の細島や岩子島、向島などまで運ぶ。そのエサを支柱であるパイロンと網で囲った生け簀にまく。

夜は夜で生け簀に行く。魚を捕り、それを夜の特急『あさかぜ』に載せる。

養殖業の問題点は、虫が湧くことだ。

生け簀にエサをまくと、魚がそれを食べて糞を出す。そうすると、一ヵ月に一回くらい、魚のエラの裏側の赤いところに白い寄生虫がいっぱいつく。その都度、寄生虫を殺すために、伝馬船で運んだ真水に魚を漬ける。三分くらい漬けると、死ぬ寸前になり、魚の鼻の頭が青くなってくる。その瞬間、魚を海水に戻す。寄生虫は真水で死ぬ。

ハマチやブリ、そしてフグを養殖していたが、フグは夏場に出荷できない。夏場のフグは「大根」といわれる。味がないからだ。そのため冬場まで育てておかなければいけないが、これが難しい。特にフグはわがままで、少しでも鮮度の悪いエサを与えると、吐き出してしまう。美味しいエサしか食べないのだ。

大事に手をかけて面倒をみるのだが、それでもブリなどは毎日一〇万円分くらい死ぬ。初任給が二万円くらいの時代にだ。生きものは死ぬ。魚みたいな群れになって生きているものたちは、死にだしたらキリがない。

矢野がねじり鉢巻きでいくら働いても、業績は回復しなかった。

二年ほど経つと、もう銀行から融資してもらえない状態に陥った。

義父に頼まれた矢野は、実家に帰り、父親や医師をしているふたりの兄に、金を用立ててもらえるよう頼み込んだ。

父親の同級生に、広島総合銀行（現・もみじ銀行）の常務がいた。

その常務が、手をまわしてくれた。

「親友の息子じゃけ、貸してやれ」

兄に融資された金を、矢野は借りた。しかし、そんなことがつづくうちに、その金額もとうとう七〇〇〇万円ほどになっていた。

矢野は、さすがに危機感を覚えた。

〈このまま行ったら、みんな大変なことになる……〉

それでも、義父はまだ諦めていなかった。

「今の生け簀のそばに網を垂らして、そこで魚を育てよう」

養殖の拡大路線を主張する。

「あと一〇〇〇万円ほど、借りてくれ。新しい場所で養殖をやろう」

漁師たちが、矢野を心配して忠告してくれた。

「あの親父は、ああ言いよるけど、網ゆうのは、すぐ貝や藻で詰まる。網が板みたいになって、その下をくぐって魚がみんな逃げるけ。どんなにチェーンをしても、重りをしても、潮の流れで、その下をくぐって逃げる。そりゃ、無理じゃけ。専務さん、それやめとき。あんた、命とられるよ」

矢野も、さすがに恐ろしくなった。

〈潰れかけているのに、あと一〇〇〇万だと……。今借りている七〇〇〇万も返せずにいるのに……。これでは、ダメだ〉

決心した矢野は、妻の勝代に打ちあけた。

「ワシは、逃げるど」

とてもじゃないが、立て直しは無理だ。

矢野のことを思って金を用立ててくれた兄たちを裏切ることはできない。

「このまま、尾道におってもどうにもならんけん、ワシは逃げる。借りた金は、ワシが必ず払うけ」

両親と兄たちに借金の返済を約束した。

矢野なりの見栄だった。

〈ワシはバカじゃのォ。ワシも、どこかにいいところの坊ちゃんだ、っていう誇りがあるんじゃろうのォ……〉

両親や兄弟たちに何も言わず逃げていれば、借金を返すこともなく楽だろう。しかし、矢野なりのプライドが許さなかった。

義父の態度が反面教師となった面もある。このことが、のちに商売をするうえで矢野を助けることになる。

夜逃げの日、木賃宿（きちんやど）の妻の一言

矢野は、妻の勝代と二歳半になる長男の寿一を連れ、尾道から夜逃げのように離れた。昭和四五年（一九七〇年）の年の暮れのことだった。

〈とりあえず、東京へ行こう〉

一トン半のマツダのトラックを借り、それに家財道具を全部積んだ。

途中、広島県の東端に位置する福山市にある大型免許の教習所に寄った。

〈よし、向こうへ行って、長距離の運転手でもやろう。それしか、ワシには能力がないけ

……〉

ところが、教習所で大型免許の試験に落ちてしまった。

試験に落ちたことは悔しかったが、今では落ちたおかげで、長距離トラックの運転手にならずに済んだと感謝している。免許を取っていたら、いずれ、五、六台のトラックを所有する会社の社長になっていただろう。が、その後、訪れる不景気で倒産していたはずだ。

福山市の木賃宿に泊まることにした。

玄関には、現場作業員たちの地下足袋（じかたび）ばかり並んでいる。

〈うわー、地下足袋ばかりのところに泊まるんか……。ここまで、ワシは落ちてしまったか……〉

矢野は、落ちぶれた自分の姿に落胆（らくたん）するしかなかった。

ふすまで仕切られただけの安い粗末な部屋に、家族三人で入った。

長男の寿一は、素直な気持ちを言葉にした。

「ここに、泊まるん……?」

おどおどしている寿一の目を見て、妻の勝代がはしゃぐように言った。

「わー、寿一、今日、ここに泊まるんよ。いい部屋じゃねえ。よかったねえ。うれしいねえ。これから、東京へ行って、三人で生活するんよ。がんばろうね」

包み込むような笑顔に、寿一もほっとしたようだった。

そのふたりの姿を見て、矢野自身が、誰よりも高ぶっていた心を落ち着かせることができた。

矢野は、妻を見直した。

〈こいつ、すごいのォ〉

借金を背負い、夜逃げまでしてしまい、破れかぶれの矢野だった。

〈ワシの人生は終わった……〉

どん底の矢野にとって、どれほどこのときの妻の言葉が希望を与えてくれたことか。

「いい部屋じゃねえ。よかったねぇ」

この言葉ほど、妻が人生で発したなかでうれしかった言葉はない。

トラックに一切の家財道具を積んで東京へ

翌朝早く、矢野一家はいよいよ東京へ向かって出発した。

借りたトラックには、一切の家財道具が積んである。その家具を少しでも傷めないよう、予備のタイヤの空気を抜いてクッションの代わりにしていた。

夜中一二時ごろ、京都あたりを走っていたところ、検問で止められた。

「この車、積載オーバーだ」

「なんで？」

タイヤが潰れているようすを見て、警察官は積載オーバーだと思ったらしい。だが、積んであった家財道具の重さを量ったところ、積載オーバーではなかった。

次に、警察官がこう言いだした。

「高さオーバーだ。とにかく、降ろせ」

「そんな、降ろせゆうたって……」

夜逃げをしようとしている矢野だ。ここで捕まっている場合ではない。

矢野は、道路脇に座り込んだ。

「これ、どうやって降ろすの。降ろせるわけないじゃない」

「いいから、降ろせ！　法律だ」

「じゃあ、勝手にして。あんたらで降ろして。ワシ、知らんわ」

そう言って、知らんぷりしていた。

午前二時ごろになり、別の警察官がやってきた。矢野に言った。

「もう、いいから行け。そのかわり、ここで捕まったって言うなよ」

ようやく、矢野は解放された。

その後は、高速道路を使わず、ひたすら東京へと急いだ。

走りながら正月を迎えた。

一月三日、箱根駅伝の復路でランナーが茅ヶ崎あたりに差し掛かる時間帯に、ちょうどその場所をトラックで通った。

太陽が正面から差し込んできて、なんとも言えない気だるい気分だった。

〈この先、一体なにをしようか。どこへ住んで、どうやって生きていこうか。いっそ、このまま東京を通り過ぎて仙台あたりまで行ってしまおうか〉

ぼんやり、そんなことを考えていた。

それ以来、矢野は、毎年箱根駅伝を見ると、あのときの気だるさ、辛さを思い出す。茅ヶ崎の景色を目にすると、泣けてもくる。

当時、矢野には、幸いにも女房と子どもがいた。だからこそ、借金を返そうと必死になれたのだろう。

まったく売れないセールスマン

東京へ着いた矢野は、目黒区の中目黒にある友だちのアパートに転がりこんだ。

〈東京へ来てもすることがないし、どうしようか……〉

まずは、職探しをした。

偶然、広島市立基町高校出身で慶應大学を卒業した同級生が、図書月販（現・ほるぷ出版）という会社に勤めており、百科事典や全集などを販売していた。

その同級生が、矢野に自慢した。

「ぼくの給料袋は、立つんだ」

当時の月給は一万五〇〇〇円ほど。その時代にその二〇倍の三〇万円ももらっていた。ただし、全部、一〇〇〇円札でもらう。だから、給料袋が立つのだ。

「ぼくは、横にして立つけど、うちの一番稼ぐ人になると五〇万円だ。縦にして立つんだぞ」

そんな話を聞いて、飛びつかないわけにはいかない。

矢野は、図書月販のセールスマンになることに決めた。

〈よーし、こいつで三〇万というのなら、ワシならもっと稼ぐな〉

自分に運がないことはわかっていたが、まだ能力だけはあると信じていた。

〈捨てる神あれば、拾う神ありだ〉

もう一度、自分の能力で運をつかみ返そうと決心した。

矢野は、東京・狛江市の和泉多摩川駅近くのアパートの二階で暮らしはじめた。六畳一間でトイレ、台所は共同。だれもがそんなアパートに住んでいた時代だ。

図書月販のセールスマンとして働きだした矢野には、百科事典が飛ぶように売れる光景ばかりが頭に浮かんでくる。

しかし、現実は甘くなかった。

百科事典を買ってもらうために、一般家庭や商店街に飛び込みで営業し、銀行などの企業にも昼休みの休憩中、訪ねてまわった。

だが、一週間まわっても一セットも売れない。

三〇人いるセールスマンの中で、矢野は二七番くらい。しかも、所長が矢野に同情して、担当者のいない売上をまわしてくれたうえでの結果だった。

当然のことながら、ろくに給料ももらえず、いつも食うや食わずの状態だった。

〈自分には運はないけれど、能力はある。ワシはひとかどの人間になるんだ〉

そう思いながらも、高校を卒業して二、三年目のセールスマンにすら負けてしまう。

矢野は、なにより押しが弱かった。相手が少しでも迷惑そうな顔をすると、すぐ引き下がってしまう。気をつかいすぎて、逃げるように立ち去ってしまうため、買ってくれるはずがない。

自分でもわかっているつもりだった。

〈ワシが売らなければ、女房と子ども、そして自分の人生が崩れてしまう〉

だからこそ、自分を追い込んだ。

〈ワシには借金がある。家族がいる。今日は、絶対に売る。売るぞ！〉

ビルの中のトイレで、自分に言い聞かせた。

〈よし！　今日は警察に捕まってもいいけん、無理やり部屋に入って売るぞ！〉

それでも、売れない。

敏感すぎるほどに相手の顔色をうかがってしまう性分(しょうぶん)のため、ちょっとでも嫌な顔色を察すると、「はい、また来ます」と言って飛び出てしまう。

矢野は、絶望した。

〈ワシは、ダメな人間なんじゃな……〉

とうとう、ノイローゼのようになってしまった。

夜逃げをしたときは、自分には能力はあるけど運がないだけだと思っていた。しかし、セールスマンをしてみて、よくわかった。

「売るぞ！　売るぞ！」と一億回叫んでも、売れないものは売れない。そんな理論が簡単に通用するほど社会は甘くない。社会は厳しいものだ。

矢野は、半年ほどで図書月販を辞めた。

〈ああ……、ワシは運もないけど、能力もないんじゃな……。つまらん男じゃな……〉

そう落胆し、人生で一番の挫折(ざせつ)を味わった。

ちり紙交換屋に転職

だが、矢野には、落ちこんでいる暇などなかった。女房と子どもを養い、借金を返済しなければいけない。

まずは職探しだ。

夕刊紙『東京スポーツ』を買い、求人欄を穴のあくほど見つづけた。その中にある「高級優遇」のところに目がいった。

「ゴムひものセールス」

怪しいセールスは即却下だ。すでにセールスマンで、散々、打ちのめされている。

「キャバレーの客呼び込み。日当四〇〇〇円」

「ちり紙交換。日払い四〇〇〇円」

三つほどの求人が目に入ったが、迷わずちり紙交換を選んだ。

〈そうだ。二年前、ワシは屑屋になろうとしていたんだ。これならできる〉

屑屋もちり紙交換も、仕事の内容にそれほどちがいはない。そのうえ、当時、ちり紙交換はすごく流行(はや)っていた。

さっそく、求人欄に掲載されていた目黒区にある「東玉紙業」を訪ねて行った。

学校の先生のような雰囲気をもった専務が、面接してくれた。

ところが、いきなり否定された。

「あんたじゃ、この仕事は無理だ」

「どうしてですか？」

矢野も食い下がった。

「大学を出ているものには、できないよ。何しろ、みんな、過去の問題を背負ってここへ来ている。ここは吹きだまりのようなところだ。大卒のあんたじゃ、できない」

矢野は、諦めなかった。

「いや、やらせてください。ワシは体力だけは自信があるんです」

断られつづけても、矢野は二時間ほど粘った。

ふつうであればフリーパスで仕事を与えてもらえるはずだが、大卒というだけで、相手にしてくれない。

「無理だ。教えるだけ時間の無駄だ。どうせ、すぐ辞めるんだから」

それでも、頼み込んだ。

「そこを、なんとかお願いします」

ようやく、三日間ほどついて歩くことが許された。

そこで、矢野は仕事を覚えなければならなくなった。

まずは、古新聞や古紙と交換するための「ちり紙」を借りる。当時は、便を拭くための四角いトイレ用の紙「ちり紙」と、ロール状の「トイレットペーパー」、そして「化粧紙」の三つがあった。それを借りて、「おなじみのちり紙交換でございます」と宣伝し、古紙の回収をするという仕事だ。

四日目になり、一トン半のトラックを借りてひとりで仕事に出た。

「おなじみのちり紙交換でございます」

地声で宣伝し、走りまわった。

すぐ、矢野は気づいた。

〈この仕事、ワシにぴったり合うとる〉

ちり紙交換の仕事が、ひどく気に入ったのである。

身体は丈夫だ。人の何倍も動けた。

大抵のトラックは、団地を流していた。団地のちり紙交換は、玄関先でのやり取りだけで仕事が終わるため楽だからだ。

しかし、矢野はほかのトラックが行きたがらない街中のビルへと向かった。本郷や目白にある五、六階建てのビルに狙いをつけた。エレベーターがなく、古紙を背負って階段ののぼりおりをしなければならない。疲れるため、ライバルたちは避けるにちがいない。

その読みは見事に的中した。どのビルにも古紙がたくさんたまっていた。団地から集まる古紙の量より、何倍も、何十倍も集まった。

矢野には、体力がある。そのうえ、なにしろ借金もある。

〈よし、少しでも多く稼いでやるぞ！〉

初日の仕事が終わったあと、矢野の手には、日当「四五〇〇円」があった。

この「四五〇〇円」が、うれしくて、うれしくて、しょうがなかった。

はじめて、自分が稼ぎ、手にした給料といってもいい。尾道時代は、勝代の実家の家業ということで給料はもらえなかった。図書月販でも、ほとんど収入はなかった。

自分の力で稼いで手にすることができた「四五〇〇円」を見つめながら、矢野は自分を褒めていた。

〈ワシが稼いだ金。社会人第一歩じゃ〉

この喜びを女房と子どもにも早く味わわせたい。山手線と小田急線を乗り継ぎ、千歳船橋にある自宅へと急いだ。何ともいえない喜びと充実感のあまり、帰りの電車の中を走りまわりたいような気分だった。

その夜は、ビールを買って帰り、勝代とすき焼きで乾杯した。

「ワシャ、とことんこの仕事をやりとげてみせる」

一気にトップの成績を

ちり紙交換は、矢野にとってまさに適職だった。

営業所にあるトラック三六台の中で、一気にトップに躍り出た。

大卒初任給一万数千円の時代に、なんと月給約三〇万円以上も稼ぎだしたのである。

矢野は、働くことが大好きだ。体を動かすことは苦にならないが、知能を使ったり、戦術や戦略を考えることは苦手だ。

矢野は、みんなが日曜日に休んでいても年中休みなく働いた。

〈どうして毎日、日が暮れるんじゃろうか〉

そう思えるほど、仕事で稼げることが喜びになっていた。

ちり紙交換のトラックには、助手席に妻の勝代を、その間の真ん中に子どもの寿一を乗せて走りまわった。

トラックが団地などがある住宅街の公園に差しかかると、寿一が遊んでいる子どもたちの姿を見て、「あれで遊びたい！」と言いだす。

しまいには、泣きだしてしまう。仕方がないので、ときには公園に勝代と寿一を置いて、仕事に行くこともあった。

ちり紙交換の仕事をしていて一番苦労したことは、トイレを探すことだった。公衆トイレがない時代だ。

アパートの住民の古新聞を回収するとき、ついでに共同トイレを借りてしまおうと思い、トイレを使った。ところが、アパートの住民たちに見つかり、泥棒とまちがえられ、追いかけられたこともあった。

矢野は、この出来事を、ちり紙交換をしていて一番ショックなこととして記憶している。

それでも、お金は貯まった。半年で八〇万円ほどの蓄えができた。

そんな状況を見て、矢野はしみじみ反省した。

〈ああ……、大学を卒業したとき、もしもあのまま東京に残って、屑屋をやっていたら、借金も背負わず成功していたのに……。ワシは人生を大失敗したのォ〉

兄に借金五〇万円を返す

ある日、矢野のもとに医者をしている次兄の幡二から手紙がきた。

「どうしている？　今度、学会で東京に行く。ホテルニューオータニに宿泊しているから、会いに来い」

手紙が届いたことに驚いた。

〈えっ……、ワシら行方知れずになっているはずなのに……。ちゃんと知っていたんだな〉

借金をして、散々、迷惑をかけてしまった兄に合わせる顔などない。

「会いに来い」と指示された日までの一週間が怖かった。

〈いっそ、別のアパートに引っ越しでもして、今度こそ、本当の行方知れずになろうか……。ほいじゃが、金がもったいないしなあ……〉

迷いに迷った結果、覚悟を決めて勝代とふたり、出かけて行くことにした。

いっぽうの幡二は、広島大学の大学病院で三年小児科医としての勉強をしたあと、山口県柳井（やない）市の市民病院に勤務するようになっていた。

柳井市の市民病院での勤務は、ずいぶん勉強になり、幡二は今でも感謝しているという。

三年後、幡二は心機一転、内科や小児科ではなく、レントゲン科の勉強をしたくなった。

所属する医局の教授に相談した。

「勉強を一所懸命したら学者になれるというのなら勉強しますが、それもわからないのなら、開業するためにレントゲン科に行きたいのですが」

当時は、他の科に異動することは難しかった。が、幡二は、担当の教授に仁義を切って、異動を了承してもらった。

担当の教授も、親切だった。幡二を連れて、同じ大学病院のレントゲン科に挨拶（あいさつ）に行ってくれて、正式なメンバーになれるように配慮してくれたのだ。

それから四年ほど、幡二は、レントゲン科で学びながら、父の病院を手伝うようになった。

昭和三九年（一九六四年）になると、幡二は、開業した。

さて、矢野は、妻の勝代とホテルの前まで行ったが、なかなか中に入れない。

みんな綺麗な格好をしているが、矢野たちは汚い格好だ。これでは玄関先に立っているガードマンやボーイに止められてしまう。

〈どうしようか。帰ろうか……〉

真夏の日照りの中、三〇分くらい躊躇した。

しかし、もうしょうがない。せっかく、ここまで来たのだ。無理やりホテルの中に入って行った。

〈いやあ……、中はまるでブルートレインじゃな……〉

迷いながら、八階の兄の部屋までなんとかたどり着いた。

た。

そう思いながらも、まだ、腹が決まらない。

〈よし、ここじゃな〉

部屋の前で、うろうろしていると、不審な目で見ていた掃除のおばさんが声をかけてきた。

「なんの御用ですか？」

「ここの部屋の方に、用事があるんです」

もう、引き下がれない。

矢野は、トントンと部屋のドアを叩いた。

〈「こらっ！　この馬鹿者が！」とでも怒鳴られるかなあ……。それとも殴られるか……。どっちにしても、修羅場が待っているぞ〉

そんなことを思いながら、部屋の前で待った。

しばらくすると、中から、懐かしい声が聞こえてきたではないか。

「はーい、ちょっと待って」

扉が開けられると、一生会うことがないと思っていた義姉の顔があった。

「五郎ちゃん、どうぞ」

義姉に案内され、矢野はそっと部屋に入った。

下ばかり見ていた矢野が、恐る恐る顔を上げた。兄の幡二の顔があった。

〈ああ……、叱られる……〉

矢野は一瞬身体が萎縮した。

が、矢野の目には、想像していなかった兄のニコッとした笑顔が映った。

「おう、五郎、元気じゃったか。心配したぞ」

優しい幡二の言葉に力が抜けた。

「五郎、元気ならええわ。もう借金のことは気にせんでええけん。もう親父も兄貴も同意してるけん、お前らはお前らの人生を歩め」

思わぬ優しい言葉に、感極まった。

〈いやぁ、優しさの力ってすごいな。胸がいっぱいじゃ……〉

矢野は、ちり紙交換で貯めた八〇万円のうち五〇万円を持って来ていた。どうせ会うのなら、少しでも借金を返済するつもりだった。

「すいません。これだけ貯まりました。たった五〇万円だけですが、返させてください」

そう言って、五〇万円を差し出した。

ところが、兄は受け取らない。

「いい。これはええ。お前らの人生に使え。いらん、いらん。これから金はいっぱいいるじゃろうから、持っとけ」

「そう言わんで、受け取ってください。なんで、受け取らんのですか？」

「お前、これ受け取ったら、化けて出そうじゃ。化けて出そうな顔しとる」

金を差し出したとき、じつは、矢野の肘（ひじ）は曲がっていた。金は返さなくてはいけないという思いの半面、返したくない思いも五割あり、肘がまっすぐ幡二の方に伸びていなかったのだ。その姿を見て、幡二は矢野の本心がわかったのであろう。

「化けて出そうな顔しとる」

そう言って幡二は笑っていたが、矢野には見栄っ張りな一面もある。

結局、五〇万円は部屋に置いて帰った。

親や兄たちの気持ちを思うとありがたくもあり、悲しくもありという複雑な気持ちだった。

矢野は、帰りの電車の中で、勝代と話した。

「よかったなあ。許してくれるなんて、嘘みたいだなあ」

そう言いながらも、内心では後悔していた。

〈あの五〇万円があれば、いずれちり紙交換の親分になれたのに……〉

ところが、そのとき、兄の幡二に五〇万円を返済したことが、矢野に対する信頼へと繋がった。そのおかげでのちに起業した際、嫌な顔をせず、多くの保証人になってもらえることになっていくのである。

返済していなければ、兄たちに「信用金庫の保証人になってください」「相互銀行の保証人をお願いできませんか」などと頼みに行けなかった。

のちに再び、矢野が借金の保証人を頼みに行ったとき、義姉たちは心配した。

「もう、大丈夫なん？」

そんな義姉たちの心配をよそに、兄たちは快く助けてくれた。

「まあ、貸したれや。保証人になってやれや」

欲というものは、とても怖い。特に、目先の欲というものは、人間にとって、人生にとってもっとも怖いものだ。

成功してからの矢野は、つくづく感じるのだ。

〈兄貴たちに借金を返さんかったら、この商売、成り立たなかった。借りたもんは返す。これこそ人の道だ〉

今では、兄たちには助けてもらった以上の恩返しをし、兄貴孝行を果たせた。

広島一の金持ちの養子に

幡二夫婦に会ってからしばらくして、父親の基から矢野に手紙が届いた。

「広島一の金持ちが、おまえたちを養子にしたいと言っている。おまえら、広島に帰ってこい」

父親の患者の中に、日本鉱泉という清涼飲料水会社のオーナー夫婦がいた。そのオーナーには子どもがいないので、養子をとりたいということだった。

「養子といっても、ワシには女房も子どももいるのに……」

そう思っていたが、「いや、女房も子どもも込みでの話だ」という。

矢野が夫婦で話し合ったところ、「帰ってみようか」ということになった。

矢野はひとまずひとりで広島に戻ってみた。養子の話をいただいた家を訪ねてみた。

広島市が一望できるような祇園町長束（現・広島市安佐南区長束）にある高台に、その家はあった。

四〇〇坪の敷地に一五〇坪の総檜づくりの豪邸が建っていた。広い庭では穏やかな性格で、気品のあるエレガントさが魅力のコリー犬が楽しそうに走りまわっていた。

檜の湯船をしつらえた風呂場は六畳くらいの大きさだ。湯船だけでも三畳半はある。どう見ても、今住んでいる六畳一間のアパートよりも広い。

矢野は即決だった。

〈これはいい話だ。養子になろう〉

矢野は、東京に戻るや、勝代に勧めた。

「風呂場だけでうちの家より広いんだ。広島に帰ろう」

気にいっていたちり紙交換の仕事を辞め、一週間ほどで家族全員、広島に戻った。

ところが、矢野の想像していたような、豪華で優雅な養子生活を送れるわけではなかった。

家には、夫婦のほかに八〇歳を超える老夫妻がいた。まずは、その面倒をみてくれという。

そして、そのあと自分たちが歳をとって動けないようになったら、今度は自分たちの面倒をみてくれ。そこまでしてくれたら、財産をすべて譲ってもいいという。

〈まあ、当たり前といえばそうだろうな……〉

そう思ったものの、納得できない。

自分たちはなにも年寄りの面倒をみに来たわけではない。

矢野には、オーナー夫婦の矢野の子どもに対する態度も気になった。

〈どうも、うちの子のことは好きじゃないみたいだ〉

オーナー夫婦にとって矢野の子どもは孫にあたることになる。オーナー夫婦には姪っ子の子どももおり、その子どもたちと矢野の子どものかわいがり方がまったくちがうのだ。

養子に入ってしまえば、子どもに嫌な思いをさせることになるかもしれない。

結局、矢野は家を飛び出した。

豪邸での生活は、わずか半年で終わった。

それまでは、夜逃げをする原因をつくった妻勝代の父親を恨んでいた。

〈あの義父のせいで夜逃げすることになったんだ。すべて、あの義父のせいだ！〉

しかし、今度は、自分の父親を恨むようになっていた。

〈せっかくちり紙交換がうまくいっていたのに、なんで呼び返しやがったのか。あのまま一年、二年働いていたら金を貯めて、小田原あたりに土地を借りて、中古のトラックを三、四台買って、ワシはちり紙交換の親分になれたのに。また、人生を捨ててしまった。失敗したな〉

腹が立って、しょうがなかった。

でも、今から考えると、ちり紙交換の親分にならずに済んで、幸運だった。

その後、アメリカから古紙がどんどん輸入されるようになり、一キロ一八円くらいしていた古新聞が二円、三円に下落してしまう。その影響をもろに受けて、あっというまにちり紙交換は衰退した。

兄に五〇万円を返さず、父親に呼び戻されて広島に帰ってこず、あのままちり紙交換で起業していれば、再び借金を抱え、倒産していたにちがいない……。

ちなみに矢野は、数年前、その高台にあった豪邸の場所を訪ねてみたという。すでに、豪邸の姿はなかった。その土地には、アパートが二棟建っていて、あとは畑になっていた。まさに、夢破れて山河ありと言えよう。

矢野は、内心で思った。

〈あのまま養子になっていたら、今ごろこの土地を売って、あぶく銭じゃったのう……〉

義兄の借金の保証人をことわる

オーナー夫妻の豪邸を飛び出してしまった矢野は、困りはてた。

〈この先、どうやって生活するんだ。早く決めなければな……〉

父親を恨みながらも、その父親に中古の家を買ってもらい、広島の西条町に住みはじめた。

今度は、姉の夫である義理の兄から声がかかった。

義理の兄は広島県賀茂郡西条町（現・東広島市）で医者をやっていたが、そのかたわらボウリング場も経営していた。

「お前も遊びよるんなら、アルバイトに行け」

矢野は、ボウリング場でアルバイトを始めた。

夕方四時にボウリング場に入り、夜一二時に営業が終わる。午前一時ごろまでメンテナンスをし、ご飯を食べ、それから麻雀（マージャン）をはじめる。朝四時ごろにようやく家に帰り、ひと眠りしてから出社する。そんな毎日を送った。

矢野は、なかなかレジャー産業になじめずにいた。

そのうえ、借金を返すため、勝代がヤクルトの配達をはじめた。

ある日の日中、喫茶店に入った矢野は、罪悪感を抱いた。

〈借金を返すために勝代は昼間働いているのに、ワシだけ徹夜麻雀をして、昼間寝ているのは悪いよな。昼間空いているんだから、働こうか〉

矢野は、ある商売を思いついた。

同級生が八大というバッタ屋を経営していた。

バッタ屋というのは、倒産した企業や資金繰りが苦しくなった企業の在庫品を格安で買い取り、安値で売る商売である。

そこへ行って、金杯（きんぱい）や靴下やタオルなどを仕入れた。

それらを義兄から借りた乗用車に載せ、保育所やガソリンスタンドをまわって、売り歩いた。図書月販でセールスマンとして働いていたところから思いついたが、まったく儲けにはならなかった。それでも、働いているという充実感はあった。

そんな生活を半年くらいつづけていたある日、義兄から思いもかけない申し出があった。

「ボウリング場の専務になってくれんか」

義兄は、医者であり、ライオンズクラブの会長でもある。地元では名士だ。その義兄の経営するボウリング場の専務になれば、自分のステータスも上がるはずだと血が騒いだ。

「ありがとうございます」

矢野は申し出を受けようとした。

すると、間髪を容れず、義兄は言った。

「じつは医師会から七〇〇〇万ほど借り入れるので、保証人になってくれんか」

当時、医者は無条件で金を借りられる身分だった。銀行も医者には喜んで金を貸した。

それほど信用がある義兄の頼みということで、矢野は引き受けようと思ったが、あることが脳裏をよぎった。

〈ワシには、すでに借金がいっぱいある。これ以上、借金の保証人になれるはずがない〉

そこで、矢野はいった。

「ごめん。兄貴、じつは今、昼間に移動販売をやっとるんじゃけど、これがうまくいっていて楽しい。それでボウリング場をいつ辞めようかと思っとった。言おう言おう思いよったところなんで、これを機に辞めさせてもらえんでしょうか」

それを聞いた義兄は、怒った顔で矢野を突き放した。

「そうか、わかった。もう、昼から来んでもええ」

こうして、矢野はボウリング場を辞めることになった。

その後二年たち、義理の兄は東広島に薬科大学をつくるという分不相応な計画をたて、当時で一〇億円くらいの負債を抱え倒産した。

もし、あのとき矢野に借金がなかったら、もしあのとき苦労がなかったら、きっと喜んで保証人になっていたにちがいない。そして、莫大な借金を抱え、今日という日を迎えることができなかったであろう……。

移動販売「サーキット商売」に挑戦

義兄のボウリング場勤めを辞めた矢野は、道路標識を設置する仕事や日雇いの肉体労働をしながら、移動販売をつづけた。

矢野が広島県豊田郡川尻町（現・呉市）を車で流していたときである。そこにある公民館に、女性たちが引き込まれていく姿が目に飛び込んできた。

〈何があるんだ？　どうして、オバサンたちが公民館に入って行くんだ？〉

公民館からは、女性たちがフライパンや洗濯の物干し金物といった日用雑貨を抱えて出てくる。

興味を持った矢野は、その公民館に行ってみた。

「大阪屋ストアー」という看板を掲げ、小物や雑貨がたくさん並べてあった。その商品が、どんどん売れていく。聞いてみると、大阪から移動販売で川尻町まで来たという。運転手と老人の男性二人で、公民館に寝泊まりしながら各地を転々としており、川尻町には、まだ数日滞在するという。

商品がよく売れる様を目の当たりにした矢野は、頼み込んだ。

「金が欲しいんで、働かせてください」

「いいよ」

了承してもらった矢野は、それから数日、一緒に働かせてもらった。

「大阪屋ストアー」は、大阪でトラックに積めるだけ荷物を積んで、港町を転々としながら公民館などを貸してもらい移動販売をしていた。当時、サーキット商売といわれていた形態だ。

川尻町で販売したあとは、山口の徳山（とくやま）港から船に乗り、大分の国東（くにさき）半島へ行くという。

「大分の国東、ついてくるかい？」

誘われた矢野は、即答した。

「はい」

国東半島へ渡った矢野は、二〇〇戸くらいの集落にある公民館を渡り歩いた。街に捨ててあった石油ストーブを拾ってきて、それで暖をとりながら寝袋で寝た。

寝袋の中で、矢野は思った。

〈ああ……、明日、目が覚めるんかいのォ。石油ストーブ、大丈夫かのォ。もしかした

ら、故障しててガスかなんかで死ぬんかのォ〉

あるとき、「大阪屋ストアー」の親方が、矢野に言った。

「俺は離婚して四国に行く。お前に、広島の地盤をやる」

思わぬ展開に、矢野は運の良さを感じた。

「ありがとうございます」

ただし、タダで譲ってもらうわけにはいかない。

「今、金がないので、仕入れの五パーセントを払いますから、月賦（げっぷ）にしてください」

「ええよ」

こうして、親方の地盤をもらうことになった。

商売をするために三〇万円のトラックを買った。そのうちの一〇万円は、母親から借りた。

夜中になると、大阪へ向け出発した。紹介してもらった大阪市生野（いくの）区の鶴橋（つるはし）などにある露店（ろてん）専門問屋でトラックが満載になるくらいの商品を買った。

広島に帰り、それらを売り歩いた。

商品は傷が入っているB級品だが、ちょっと見ただけではわからない。それらを数百円で仕入れ、鍋などは二〇〇〇円くらいの値段で売る。

商品は驚くほど売れていった。

〈わーっ、こりゃええ商売じゃのォ〉

順調に売上は伸びた。

〈よし、これで、ワシは稼げるのォ〉

そう思っていたときに、四国に行ったはずの親方が広島に戻って来た。

「四国は、あんまり売れない。広島の地盤、返せ」

親方の都合で、振りまわされることは御免だ。

矢野は、断った。

「いや、それは、あんまりじゃないですか。できません」

話し合いは不調に終わった。

「じゃあ、もう五パーセントの金は払いません」

そう言って、矢野は独立することにした。

バカ正直で見栄っ張り商売

独立した矢野の商売は、その後も順調に運んだ。

いっぽう、親方の商売はうまくいかず、結局、倒産してしまった。

親方は、経理事務所に勤めていた人だった。そのため、毎日、夜になると布団の中で枕の上にそろばんを置いて、計算しはじめるのだ。その姿を見て、矢野は思ったものだ。

〈わー、すごいのォ〉

最初は尊敬していた。だが、自分が商売をするようになって気づいた。

〈この商売、計算したら儲からん商売じゃ〉

計算しても、そろばんは合わない。計算ができない矢野の方が何も考えず、ただ売ることだけに集中し、商売を進めていくことができた。

計算ができる親方は、儲けよう、儲けようとして、どんどんドツボにはまっていった。

たとえば、場所を提供してくれた側に払う販売歩合を一割に設定したとする。一〇万円売ったら、一万円、三〇万円売ったら、三万円払うのがルールだが、親方は三〇万円売っても、五〇〇〇円しか払わない。

そして、親方は、嘘をついて手にした利益分を、どんどん自分で使ってしまう。

逆に、矢野は、二〇万円の売上しかなかったとしても場所を提供した側には、三〇万円売れたと見栄を張って、三万円を払って帰った。

〈ワシはバカじゃのォ。バカ正直のうえに見栄まで張って、三万も払ってしもうた……〉

そんなことを思いながら、家に帰った。

ただ、矢野は場所を提供してくれた側の言葉が聞きたかった。

「よく売れましたねぇ」

そう言われると、うれしくてしょうがなかった。

場所を提供してくれた側も、親方の五〇〇〇円より矢野の三万円の方がありがたい。知らぬまに、矢野は多くの人たちから愛されるようになっていた。

〈ワシはぼろ儲けじゃのォ。計算していたら、この商売、儲からん。トラック一台、経費やら何やら細かくやったって、たかが知れてるじゃないか。計算できんありがたさじゃ〉

矢野には、女房子どもがいるため、露店を出せる場所は、日帰りできる場所に限られていた。そのため、同じ場所を一年に四度ほどまわっていた。

いっぽう、親方の方は移動販売であり、一度まわった場所に再びやってくるのは二年後くらいになる。少々、高い値段をつけても買ってくれる。

しかし、矢野は一年に四度、店を出す。ひとりの人が五〇〇円買ってくれたら、一年で二〇〇〇円。一〇年間だと二万円。何度も繰り返し買ってもらえるように、自分の利益を重視することなく、正直に「お客様第一主義」の商売をした。

これが、リピーターを生み、固定客の獲得に繋がっていった。

第二章　夫婦で一番売るトラック売店

「矢野商店」を創業

昭和四七年（一九七二年）三月に「矢野商店」を創業した。が、矢野は弱気だった。

〈この商売は、いずれ潰（つぶ）れる〉

そのため、長男の寿一、次男の靖二（せいじ）には、先に謝っていた。

「ワシら夫婦は大学出させてもらったのに、すまんのォ。家には借金がようあるけぇ、おまえらは中学で勘弁してくれ。中学出たら、就職してくれ。中卒で神戸製鋼に就職すれば、月給三〇〇〇〇円だというど」

そのいっぽう、矢野が三〇歳になったころ矢野夫婦は夢を持った。

ご飯を食べながら、勝代と話した。

「死ぬまでに、年商一億の商人になりたいのォ」

「どうじゃろうね」

「最初からは無理じゃけど、頑張って商人になったんじゃけぇ、年商一億にしたいのォ。一億が目標じゃ」

モノ一個を一〇〇円、二〇〇円で売る商売だ。年商一億円なんて、想像しただけで夢のような世界なのだからしょうがない。

〈絶対、無理じゃろうけど、目標は持ってもいいだろう〉

年商一億円という夢のような目標を掲げたが、確実に実行できる目標も持った。

「今、日本には五〇〇円均一とかで走りまわるキャラバンが、三〇〇台くらいおるじゃろう。でも、ワシとお前のトラックが三〇〇台の中で一番売れているはずじゃ。会社としては、うちは田舎にあるし、負けるけえ、トラック一台の売上高で日本一になろう」

矢野は、会社の規模を大きくすることに興味などなかった。

仮に、年商一〇〇億円、三〇〇億円という大規模の目標を掲げたなら、トラックの台数を増やし、安いものを大量に仕入れ、粗利を追求していく道を選ばざるを得ない。

そうではなく、矢野は、「夫婦で一番売るトラック売店」という身近な目標を選んだ。

この目標をはたすために、客に喜んでもらえる原価を高くしたよい商品を売り、だれよりも働き、客に来てもらうためにチラシをたくさんつくってポストに入れる。自分たちの目の前にあるやれること、それをコツコツと積みあげてさえいけばいい。なにも無理までして、自分たちを窮地に陥れる心配はないのだ。

〈商売を大きくしてしまえば、親に心配をかけることになる〉

矢野は、八人兄弟の中で、自分が一番父親から愛情を注いでもらっていることを知っていた。

いつも、顔を見れば怒鳴られてばかり。それでも、「この子がかわいい、かわいい」とも言ってくれた。

父親に心配だけはかけたくないという思いを大事にし、商売をした。

矢野は、地道に自分たちの店を大事に育てた。

それが、今では一時間で一億円を売り上げるのだから、人生どう転ぶかわからない。

必死で走ってきた矢野には、一億円を達成した日がいつなのかさえ、思い出せない。

ただ、あのときの目標が、一〇〇億、三〇〇億というものだったら、人生の節々でフライングをしていただろう。焦るあまり、土地を買い、倉庫をつくり、商売を大きくすることばかり考えたあげく、倒産していたにちがいない。

目標は小さくていいのだ。

思わず口にした「一〇〇円」

矢野は、二トントラックに商品を詰め込み、ベニヤ板に商品を並べて商売した。

露店の敵は、天気である。雨が降れば商売はできない。

ある日、雨が降ってきそうな雲行きの日があった。

〈今日は、雨が降りよるけ、行くのはやめだ〉

そう思っていた。しかし、予想とは逆に、天気が回復し、晴れてきた。

家から三〇分ほどの場所でもあったため、これからでも間に合うと商売に出かけて行った。

午前一〇時ごろ到着した。現場には、すでに、チラシを片手にした女性たちが待っていた。

露店を出す前日に、自分たちで刷った「矢野商店」のチラシを、その周辺の住宅のポストに入れて歩いた。それを見た人たちが、矢野の到着を今か、今かと待っていたのである。

ふだんは、朝四時ごろに起きて早めに現場へ着き、商品に値札をつけて開店準備をする。

しかし、今回は開店準備などしている場合ではなかった。

「早くして！」

待っている客たちにせかされ、急いで荷物を降ろした。

商品を並べる前に、勝手に客が段ボール箱を開け、目当ての商品を探し出す。

「これ、なんぼ？」

急いで、伝票を見る。

「ちょっと待って」

扱う商品の数は、何百にもなる。なかなか、見つからない。

客を待たせるわけにはいかない。思わず矢野の口をついて出た。

「一〇〇円でええ」

それを聞いたほかの客も、矢野に聞いてくる。

「これは、なんぼ？」

矢野はまた答えた。

「それも、一〇〇円でええ」

値段をつけるまもなく、商品が売れていく。

こういう意図しないきっかけから、矢野が扱う商品は、全部「一〇〇円」になった。

矢野が思わず口にした「一〇〇円」が、矢野の人生の運命を変えることになる……。

世評は「安もの買いの銭失い」

「矢野商店」を立ちあげ、商売をはじめても、いいことはなかった。

一〇〇円均一で商品を売るということは、上限が決まっていて値上げができないということだ。やっと食えるようになったかと思えば、昭和四八年（一九七三年）の石油ショックや、田中角栄の列島改造論などでインフレになり、原価がどんどん上がってしまう。気がつけば、一〇パーセントも仕入れ値が上がっているものもあった。

矢野は、さすがに業者に文句を口にした。

「こら！　なんでステンレスのスプーンの値が上がるんか」

そう言う矢野に、業者は言い返した。

「石油代が上がって段ボール代が上がったし、運賃も上がるんだから、原価が上がるのは当たり前だ。文句があるなら、買ってもらわんでもいい」

七〇年代のオイルショックと日本の小売業の変化によって、移動販売は急速に廃れ、仲間たちのほとんどが廃業した。

そんなとき、矢野は店頭である光景を目にした。

四、五人の客がいろいろ商品を見ているが、これがなかなか決まらない。

〈あー、早く買っていってくれないかな〉

矢野がそう思ったとき、その中のひとりが言った。

「ここでこんなもの買っても『安もの買いの銭失い』だ。帰ろう」

そう言って、みんなを連れて帰ってしまった。

矢野に衝撃が走った。

「安もの買いの銭失い」

この言葉が、一番こたえた。

原価七〇円までのものを一〇〇円で売るのだから、たしかに品質に限界はある。

矢野は、勝代にも、泣き言を吐いた。

「もう、この商売、やめようか。『安もの買いの銭失い』って、今日も三回言われた」

そう言いつつも、矢野はやめなかった。

むしろ、矢野の心の中にはメラメラと悔しき炎が燃え上がった。

〈ちくしょう！　どうせ儲からんのだし、いいもん売ってやる！〉

それからというもの利益を度外視し、原価を思いきり上げた。原価七〇円で抑えるところ八〇円にまで上げた。時には九八円のものを一〇〇円で売った。

たちまち、客の目つきが変わるのが、矢野にはわかった。

「わっ、これも一〇〇円！　これも一〇〇円！」

客の素直な反応が、矢野にとっての励みになっていった。

〈自分の儲けを考えていたら、商売なんてできん。ワシは、客が驚く姿が見たかったんじャ。客が喜んでくれればそれでええ。その分、ワシは売って売って儲けを出すんじャ〉

矢野商店は、あっというまに全国の同業者の中で一番売れる店になっていった。と同時に、じょじょに多くの従業員を抱えられるようになっていった。

「矢野さんとこは、商品がいい」

評判が評判を呼び、大手スーパーからも引き合いがくるようになった。

しかし、売上と商品数が増えるにつれ、従業員は疲弊していった。

苦労と苦難の連続

創業期の社員たちの苦労は涙ぐましかった。集まってきた従業員たちは、まさに吹きだまりのようにしてやってきたものたちばかり。

社員たちは四トントラックに乗ってそれぞれがスーパーに向かい、店頭販売をおこなっていた。

朝六時に出社して現場に向かい、午後八時半に店を閉め、陳列していた商品や什器などの荷物をまとめ、借りていた店頭を掃除し、社に戻ってくるのは午後一〇時。

それから、翌日分の荷物をトラックへ積み込み、仕事が終わるのは夜中の一二時。そのため、矢野の妻の勝代が晩ご飯を仕事の合間につくり、社員全員で食べた。

ある女性社員は生まれたばかりの赤ん坊を段ボール箱に入れて、巡回販売をつづけた。

ある男性は、ファックスもなく公衆電話代も惜しかったので、旅先で商品がなくなると、一〇円玉をいっぱい握りしめ、洗濯バサミ一〇箱なら、「洗一〇」と早口で電話注文した。

そんな過酷な環境の職場に、大学を卒業しトヨタでセールスしていた栗森健二をはじめ、大卒の人材が三人ほど入社してきた。

矢野は、正直気がとがめた。

〈いやー、悪いことしてしもうたのォ。どうせ、うちは潰れるのに、ごめんな……〉

内心で謝りながらも、そのことを顔に出さず、知らんぷりして働いてもらった。

矢野は、父親が建ててくれた家を自宅兼事務所にしていた。

〈ここまでしてくれて、親ってありがたいのォ。汚してしもたら悪いよな〉

父親の愛情に感謝していた矢野は、畳の上にビニールシートを敷いて、その上に机を置き、事務所にしていたのだ。

一〇〇円均一の商売をはじめてまもなく、矢野に悪夢が襲いかかることになる。

当時、矢野が住んでいた周辺の団地で、放火が相次いで起きていた。

しかし、矢野は朝早く移動販売に出かけ、夜遅く戻ってくるため、放火のことを知らずにいた。もし、放火のことを知っていたなら、心配性の矢野は何らかの対策を講じていたであろう。

ある夏の日のことである。

早朝四時ごろ、矢野は大声で起こされた。

「火事じゃ、火事じゃぁー」

飛び起きた矢野は、パンツ一丁でバケツに水をくみ、火を消そうと躍起になった。

〈事務所が燃えとる。何としてでも、早う消さにゃア〉

が、火事というものはすさまじいものである。黄色い炎が一面を覆い、火の玉のように襲いかかってくる。その熱はすさまじい。あっというまに、火柱が上がり、トラックから商品からみな、焼けてしまった。

どうすることもできなかった矢野は、呆然とした。

〈わーっ……、やられた……。これで、店は終わってしもうた……〉

一瞬にして、積み上げてきた財産のすべてを失った。

早朝の火事騒動に起こされた見物人たちも、大勢集まっていた。

それから数時間後、何とか鎮火することができた。

悪縁を焼き捨てる火事

駆けつけていた警察の刑事課長に、矢野は言われた。

「矢野さん、朝の八時半に警察まで来てください」

「えっ、なんでですか。あとかたづけせんといけんので忙しいのに」

「いいから、警察に来てください」

矢野は、言われたとおり、午前八時半に警察へ行った。

刑事課長は、あきらかに矢野を疑っていた。

「矢野さん、じつは、あんたが火を点けたんだろう。放火魔は、おまえじゃ」

とんでもない言いがかりである。

「なんて、バカな……」

「放火が次々に起こっている。わたしは気づいたんだ。こいつじゃなって」

「どうして、ワシが自分の家に火を点けにゃいけんのですか！」

「いや、あんた、あんだけの火をパンツ一丁で消しよったと。ふつうあんな大きな火事を自分の家で出すと、髪が逆立つか顎がガクガクになるか、腰が抜ける。それなのに、あんたふつうの顔をしちょる。おまえじゃ。まちがいない」

「ワシは、点けていません。なんで、点ける理由があるんですか！　バカなこと言わんといてください！」

それからしばらくして、矢野の疑いは晴れた。

警察が、すぐに矢野の損害保険のことを調べたらしい。その結果、損害保険を一円も掛けていないことがわかったからだ。

ちょうど、矢野は、新車のトラックを購入したばかりだった。

矢野は、迷っていた。

「新車だから、損害保険に入った方がええんかな」

販売店の保険担当者が、アドバイスした。

「トラックは自賠責保険料が高いですし、自賠責でほとんど大丈夫です。入る必要ないですよ」

そう言われた矢野は、そうかと思い、任意の保険には加入しなかった。入っていなくてよかった。

後日、矢野が火災の被害に遭ったことを知った保険担当者が謝りにきた。

「あのときは、すみません。保険に加入していただいておけば、よかったのに」

「まあ、しょうがない」

そう返したものの、内心では複雑な思いであった。

じつは、矢野には放火犯の目星はついていた。

よい植木を抜いて持ってかえるという噂の老婆がいた。その老婆が、放火魔であることはわかっていたが、噂だけで現場を押さえられずにいた。

自宅兼事務所を燃やされた矢野は、怒りでいっぱいだった。

〈よーし、あの婆さんの背中、おもいっきり叩いて、動けんようにしちゃろう〉

夜中、こっそり布団を抜け出した矢野は、木刀を持って、噂の老婆のあとをつけた。

ところが、その矢野の後を、警察もついてきているではないか。

〈なんじゃ、警察も、あの婆さんが犯人だと知っとるんか〉

矢野の自宅兼事務所に放火した犯人は、とうとう捕まらなかった。噂の老婆に警察が張りついたことで、恐れおののいたのであろう。それから、パタリと放火は止まった。

自分の家が火事に遭った場合、その結果は、ふたつあるという。ひとつは、「変な悪縁のつきはじめ」。もうひとつは、「悪縁を焼き捨てる」。矢野にとっては、後者の「悪縁を焼き捨てる」火事だった。

もしも、矢野が保険に加入していたなら、火事で手にした保険金のせいで、変な悪縁を引きつけていたであろう。保険に加入していなかったことで、矢野はそれまでの悪縁を焼き捨てることができたと思っている。

スーパーの店頭で一日一〇〇万円以上を売る

矢野は、さすがにそれから一ヵ月、寝込んでしまった。

〈みんな焼けちゃった……。もう、商売はやめよう〉

茫然自失の矢野に、長兄の儀郎と次兄の幡二のふたりが、二〇〇万円ずつ見舞金をもってきてくれた。

兄たちの気持ちが、矢野の心に変化をもたらした。

〈このままやめたら、また借金ができてしまう〉

なんとか、矢野は一〇〇円均一の移動販売を再開することにした。

〈まずは、売る場所を確保しなければならん〉

プレハブの会社を建て、半ばやけくそで、商品をかき集めた。

この商売をはじめたころのように、小さい空き地や公民館をまわった。しかし、矢野の気持ちは満足しない。

〈これじゃあなぁ。まだ借金は残っているし、にっちもさっちもいかんけえ、大きいところに行くしかない！〉

矢野は、覚悟を決め、それまでは営業下手で行ったことがなかった広島の大手スーパー・イズミに話を持ちかけることにした。矢野は、背広とネクタイというパリッとした姿でイズミの本社を訪問した。

対応してくれたのは、商品本部長だった。

矢野は一〇〇円均一の人気について熱っぽく語り、店頭販売をさせてほしいと訴えた。

商品本部長は乗ってきた。

「それは、面白いの。うちで、試しにやってみ」

口下手ながら矢野の熱っぽさが功を奏し、販売の許可をもらうことに成功した。

すると、なんと三日間で三三〇万円を売り上げる大記録を達成したではないか。

まさかの売上高に、イズミ側も驚いた。

本部長が飛んできた。

「すぐ、お前のところに口座をやるけえ、うちの専属になれ！」

それまで、一日五〇万円ほど売れればうれしかったが、イズミでは場所のよさもあり、一日一〇〇万円以上売れた。

ここから、何かがコロッと変わった。

矢野に大手スーパーに飛び込む覚悟ができたことで、売上も格段に伸びた。

〈火事のおかげじゃ〉

そう矢野は感謝した。

同時に、矢野の心配性にいっそう拍車がかかった。

〈明日は、なにごとが起きるかわからん〉

二度と火事が起こらないように防災に力を入れるようになった。

大手の一〇〇円均一業者に勝つ

運命は面白いもので、火事をきっかけに、矢野に運気が向いてきたのだ。

イズミの次は、総合スーパーのニチイ（現在はイオンリテールに吸収）を矢野は狙った。

広島のニチイの支店を訪ね、イズミ同様に訴えた。

「イズミさんで店頭販売をさせてもらったのですが、三日間で三三〇万円売れたんです。ニチイさんのところでも、店頭販売させてもらえませんか」

イズミでの実績を聞くや、意外にあっさりと乗ってきた。

「いいよ」

ニチイでも、矢野の一〇〇円均一は人気となり、ものすごく売れた。

ところが、ある日、矢野はニチイの担当者に呼ばれた。

「ごめん。あの……、大阪の本社から一〇〇円均一は、ここを使えって指示があったので、今月で終わりにしてください」

　大手のニューワールドや神戸雑貨などの一〇〇円均一業者が、広島にどんどん進出してきていたのである。

〈まあ、こんなもんじゃヤ〉

　そう思った矢野は、何も言わず引き下がった。

「はい、わかりました」

　次に、イズミにも呼ばれた。

「今度、一〇〇円均一の本場、大阪から店が来るので、矢野さんのところとは終わりということで……。今までありがとう。また縁がありましたら」

「そうですか。わかりました」

　矢野は、それほど悔しくなかった。

〈まあ、こんなもんよ。ワシの能力なんて、こんなもんじゃヤ〉

　矢野は冷静だった。

　むしろ、イズミやニチイといった大手と商売ができただけで、いい経験になったと感謝していた。

　イズミからの帰り道は、すがすがしい気分だった。

　ところが、それからわずか一ヵ月もしないうちに、ニチイからまた呼び出された。

「なんですか?」

「いやぁ、もう一回、うちでやってくれ」

「どうしてですか?」

「あいつら、あんたんとこの半分、いや、三分の一も客を呼べんかった。もう一度、お願いします」

大手の一〇〇円均一といっても、扱っている商品は安ものばかり。矢野の一〇〇円均一でいい商品を買えるということを知った客たちの目はごまかせなかったのだ。

つづいて、イズミからも声がかかった。

「やっぱり、あんたのところでやるわ。あいつら、よう売らん」

矢野は、ますます自信をつけた。

〈お客さん第一主義を貫いてきて、よかったな。原価をギリギリまで上げておいたことで、結果オーライだ〉

一〇〇円均一は、客に支持されなければ商売は成り立たない。自分の利益ばかりに目を向け、客のことを二の次にしていれば、いずれは客からそっぽを向かれる。そのことが証明されたのだ。

矢野は、心の中でつぶやいた。

〈あの火事のおかげでツキがまわってきた。人生って、わからんもんじゃのォ〉

東京に進出、イトーヨーカドー北千住店へ

矢野にとって初となる、東京での店頭販売が決まった。

東京のイトーヨーカドー北千住店から、出店の依頼があったのだ。

矢野は、未知の世界に飛び込む気持ちで、東京へ向けて出発した。

四トンのロングボディ車に商品を満載して、広島から走りに走り一二時間かけて到着した。

北千住にあるイトーヨーカドーの近くにトラックを停め、矢野はイトーヨーカドーに挨拶に行った。

対応してくれたのは、吉田マネージャーだった。

矢野は、吉田マネージャーに聞いた。

「明日から店頭販売でお世話になります。そこまで来たんですけど、荷物はどうすればいいでしょうか？」

「荷物、どれですか？」

「広島から、トラックで来ました」

トラックで来たと知った吉田は、事情を知らず、ふいに怒り出した。

「これ、どうする気なんだ。そこに置いておいたら、邪魔になる」

「いや、売るんです。明日から店頭で」

「何を言っているのか。一〇〇円均一なんか、毎週やっている。そんなもん、売れるわけないだろう！　客なんか足も止めないぞ。荷物持って、帰れ！」

ぼろ糞に扱われた矢野は、さすがに一国一城の主として許せなかった。

「じゃあ、ええですわ。ワシ、帰ります」

矢野はトラックの運転手に伝えた。

「運転手さん、ごめん。広島に帰るど」

そう言って、積んできた商品を降ろさず、広島に帰る準備をしていたところ、偶然、店長が姿を現した。

「こらーっ、吉田。明日から一〇〇円均一の店頭販売が入っているんだぞ。今からほかの業者に声をかけても、間に合わんだろう」

マネージャーの吉田が反論した。

「そうはいっても、このトラック、どうするんですか？」

店長が言った。

「バックルームの車三台置いてあるところを空けてやればいいだろう」

店長の指示のおかげで、矢野は積んできた商品の置き場を確保できた。

「運転手さん、ご苦労さん。気をつけて帰れよ」

そう言って、矢野は運転手と別れた。

「矢野さん、今日夕方六時半ごろに来てください」

店長にそう言われ、矢野は宿泊先へ帰った。

「おおっ、これが一〇〇円だって！」

夕方の六時半、イトーヨーカドー北千住店で店頭販売の準備に取りかかった。

矢野が一人で作業していると、どんどん店員たちが集まってきて、荷物を引っ張ってくれたり、陳列を助けてくれたりと、手伝ってくれた。

陳列する商品を見て、あちこちから声があがった。

「これ、いくらです？」

「一〇〇円です」

「これ一〇〇円だって⁉　でも、これは、ちがうだろう」

「それも一〇〇円です」

「じゃあ、これは？」

「一〇〇円です」

矢野が「一〇〇円」と言うたびに、驚きの声があがった。

「おおっ、これ一〇〇円だって！」

「一〇〇円均一なんて、毎週やっているけど、こんな一〇〇円均一は、初めて見る」

「これ、売れるわ」

その声を聞いた矢野は、心の中でほくそ笑んでいた。

〈そりゃそうだ。ウチが扱う商品は、ヨソとはちがうんじゃ〉

東京や大阪からやってきている移動販売の業者は、原価が二、三〇円しかしない商品も混ぜて一〇〇円で売っていた。いっぽう、矢野は、固定客を相手に移動販売をしている。その中には、年に五回もまわる売り場もある。毎回、買いに来てくれる客に、変な商品を売るわけにはいかない。原価をギリギリまで上げた効果が、手伝ってくれる人たちの反応に、素直に表れていた。

東京で初めての移動販売は、驚くほど売れた。朝から閉店までに一三〇万円もの売上を記録した。

あまりの売れ行きに、四トントラックに満載してきた商品も、どんどん減っていく。イトーヨーカドー北千住店の店頭販売は三日間だ。

店長が、矢野に言った。

「おい、商品が売り切れてもうないじゃないか。明日の商品、どうするんだ。なんとかしろ」

矢野は、すでにチャーター便の手配をしていた。

「はい。明日、商品が届きます」

いい商品を売れば、客はいくらでも買ってくれる。それほど、矢野は、自分が扱う商品に誇りをもっていた。

ポイントは、他社の移動販売との差別化だった。矢野は、商品の原価率を上げると同時に、他店よりも二倍、三倍の商品を並べた。

〈ワシはしゃべれんけん。いっぱい商品を並べて、商品にしゃべってもらおう〉

店内に商品があふれていれば、客に話しかけなくても、客は勝手に商品を探して動いてくれる。口下手な矢野が話しかけて売り込む必要もなく、客は購買意欲を掻き立てられ、次から次へと商品を手に取ってくれる。

矢野にとって、一石二鳥だった。

三日間の店頭販売が終わるころには、イトーヨーカドーの本社にまで矢野の噂は届いていた。

最初は怒り狂っていた吉田マネージャーも、手のひらを返した。

「おい、次、いつ来るのか？」

東京での初出店は、大成功に終わった。

株式会社大創（だいそう）産業がスタート

矢野が三〇代のころ、友だちの竹内が脳梗塞（のうこうそく）で若くして亡くなった。

矢野の音頭（おんど）で、親しい一〇人ほどが集まり、竹内の墓参りに行こうという話になった。

墓は、山の上の方にある。長い山道を登らなければいけなかった。同窓会には、担任だった小川千鳥先生も参加していた。

そのとき、矢野は高齢で女性の小川先生のことを慮（おもんぱか）り、背負って山道を登っていった。

近藤英昭は、そのようすを見て感心した。

〈そこまでやるのか〉

手を取り合いながら山道を登る発想はあっても、背負って登る発想はふつうはできない。

これも矢野の素晴らしいところだ。近藤は、当時から矢野のことを他の人とは視点がちがうな、と思って見ていた。

昭和五二年（一九七七年）、相変わらずサーキット商売をつづけていた矢野は、占い師のもとを訪ねた。

「矢野商店という社名を変えたいんです。○○産業と、社名に『産業』をつけたいんですけど、何がいいですかね」

当時は、『○○商事』が流行（はや）っていた。しかし、そこまでの商売ができるなんて想像すらできなかったため、せめて名前だけでも大きくしたかった。

すでに、矢野の心の中には、候補があった。

〈大きく成ると書いて「大成」もええなぁ〉

それでも、自分だけでは決められない。それよりも、風のように柳のように流されるほうがよっぽど心地いい。会社名も、占い師のアドバイスに従う方が、よほど楽だ。

「先生、会社の名前だけでも、一回り大きな名前をつけたいんです」

そう依頼する矢野に、占い師は言った。

「三画と一二画にしたら、いい名前になる」

再び、矢野はいろいろ思案した。

占い師が言った「上が三画、下が一二画」。それに当てはまるのは「大創」。

〈「大創」がええな。夢がある〉

矢野は、昭和五二年一二月、『株式会社大創産業』に決め、法人化した。

ただし、『産業』とつけたばかりに、誤解される機会も増えた。

スーパーの軒先を貸してもらおうと、営業の電話をかける。

「大創産業ですけど」

「うち、工事、なんか入ってるんか?」

「いえ、一〇〇円均一です。今日、店頭を貸してもらえんですか?」

「なんや、工事会社かと思った。『大創産業』じゃなんて、工事会社かと思うじゃないか」

何度となく工事会社とまちがわれると、矢野も気分が落ち込んでしまう。

〈「産業」って、会社と名前がそぐわん。アンバランスじゃ。失敗したか。名前、変えようか……〉

トヨタカローラからの転職社員

取材当時、大創産業仕入本部商品仕入一部シニアバイヤーだった栗森健二は、昭和三一年(一九五六年)に生まれた。昭和五三年にトヨタカローラに入社した。トヨタカローラでは、営業を担当していた。自動車を毎日販売していたのだが、同期入社の四人はどんどん退職していった。

ダイソー入社の縁は、トヨタカローラ時代の顧客からだ。トヨタカローラの客が矢野博丈と知り合いだった。その知り合いからの紹介で、ダイソーに入社することになったのだ。

栗森は、矢野と出会うまで、一〇〇円ショップ自体を知らなかった。だから、一〇〇円のものを一日に二〇万円、三〇万円も販売しているという話が信じられなかった。それまで、栗森は、一台一〇〇万円とか二〇〇万円の自動車を販売をしていた。それが、一〇〇円の商品を売ることになる。はたして、本当に、一日、三〇万円も売れるものなのか。なかなか信じがたいとは思いながらも、ダイソーで働くことになる。

昭和五三年の九月二日、ダイソー本社のある広島の西条まで自動車を走らせた。会社までの道が、途中でわからなくなり、電話をすると、矢野が出た。矢野の「あっちじゃ」「いや、こっちじゃ」という指示に従い、会社を探した。

当時は、現在とはちがう場所に社屋があった。旧二号線、円城寺（えんじょうじ）のあたりに、社長の自宅があり、その庭に建っている四～六畳ほどのプレハブ小屋が本社だった。

まだ、固定の店舗での販売はしていないころで、西条の農協などの催（もよお）しものに出店し、一〇〇円の商品を売っていた。

そのとき、矢野が口にしていた年間売上は五億円。栗森は、実際の売上予想より多めに言っているのだろうと考え、だいたい前年は三億円くらいかなと考えていた。

社員数は、二八人くらいだったのではないかと思う。

矢野も販売のために自ら出歩き、矢野の妻の勝代が社内で作業を担当していた。さらに、品出しはパートに任せていた。

栗森は入社してすぐ、研修を兼ねて大阪へ行くように指示された。ちょうど、ダイエーに口座が取れたころだったから、それまでのスーパーなどの軒先を借りた移動販売からダイエーの店内に設置された催事売り場で一〇〇円催事をおこなった。大型店舗では店内で、小型店舗では店の軒先で販売した。

最初の一週間から二週間ほどは先輩スタッフに指導してもらい、その後、ひとりで売り子をした。

一〇〇円ショップの催事でもっとも大切なことは、声の大きさだ。

「いらっしゃいませ！　いらっしゃいませ！　なんでも一〇〇円！　なんでも一〇〇円！安いよ、安いよ、お買い得！　お買い得！」

呼び込みをすると、お客さんが寄ってくる。品出しもおこなった。

当時の品数は、今とは比較にならないくらい少ない。だいたい三〇〇か五〇〇種類くらいだっただろうか。催事コーナーの面積も一〇坪から三〇坪くらいだった。長方形のワゴンを一〇から三〇本並べて、商品を展示販売した。広島から商品を箱に詰めて送ったり、大阪にあるプラスチック製品をつくるメーカーから、直接商品をダイエーに送ってもらったりしていた。

現在と同様、そのころからダイソーは、とにかく売上を伸ばすことに長けていた。同業他社よりも販売額を上げるという部分が認められ、ダイエーの口座を獲得できたのだろう。

当時も今も、客層はそれほど変わりなく、主婦が主流。もちろん、商品も主婦向けのものが多かった。アイテム数こそ現在と比べると少ないが、ひとりの客が購入する点数は多かった。子連れも多く、子どもの場合はこづかいで製品を買うことが多いので、だいたい、客単価は一〇〇〇円ほどだった。

大阪での研修を終えて広島へ戻ると、次は宮崎県へ行くことになった。

栗森はそれまで、乗用車しか運転したことがなかったが、トラックを操ることになった。普通免許でも五トン未満のトラックが運転できる。

宮崎では、ダイエーの店内催事場に四〇坪ほどの一〇〇円コーナーを設置し、ワゴン内に商品を詰めて販売した。はっきりとは覚えていないが、一日に五〇万〜六〇万円は売り上げていたと記憶している。最初は、この額の大きさに驚いた。

だいたい一週間のうち六日は、現地のホテルに泊まり込んだ。

朝は七時くらいから準備をはじめ、夜は二二時ごろまで仕事をする。店を閉めるのは、一九時くらい。そこから商品整理などの作業があった。当時はまだ研修が続いていたから、わりと早めに帰してもらっていた。ベテラン社員とふたりで販売した。

宮崎での仕事が終わると、また広島に戻った。その後、新規に営業所をつくることになり、名古屋へ向かった。

栗森が入社二年目を迎える昭和五五年（一九八〇年）ごろには社員数も増えていた。しかし、相変わらず社長宅の敷地内に建っていたプレハブの事務所は、そのままだった。栗森が入社して九年くらい、昭和六二年（一九八七年）までは、四〜六畳のプレハブの事務所だった。現在の本社の場所へ移転するときには、もう売上規模が五〇億円くらいになっていた。

移転先の事務所は、二階建てのプレハブになり、今までの何倍も大きく立派になっていた。

栗森は思った。

〈すごい！　広いな！〉

事務所の棟(むね)上げに昼食会がおこなわれた。

そのとき、西条を地盤とし、矢野と旧知の仲である国会議員の中川秀直(なかがわひでなお)が来社した。ともにブルーシートに座り込み、矢野と知り合ったときの話や、若き日の夢を語り合ったことなどを語った。

栗森は話を聞きながら、気持ちを高ぶらせた。

〈これからもっともっと、ダイソーを大きくしていかないといけない〉

うきうきと、昼食会を終えた。

矢野の妻の勝代も働いていた。気の強い女性で、社員の前でも平気で矢野と喧嘩をはじめてしまう。矢野自身、いつも真剣勝負でよく怒るが、勝代も負けていなかった。

矢野は、社会人として当たり前のことではあるが、モラルに欠ける行動などがあると怒った。たとえば、催事の応援、アルバイト代の支払いの振り込みが時間がないからといって遅れると、絶対駄目だと怒られた。いっぽう、行動してからの意見はよく耳を傾けた。

また、矢野の指示や命令に対して、行動せずして文句を言うものは叱られていた。

精力的に催事企画を開発

栗森は、途中から、企画開発もおこなうことになる。手始めに、手芸毛糸企画を実施した。当時は各地で一〇〇円催事があったものの、数ヵ月に一度しか出店させてもらえなかったのだ。

「売れる店舗で、一〇〇円商品以外にも毎週毎週催事ができる方法はないものか」

栗森と矢野とで話し合いがおこなわれ、矢野が言った。

「お客様が飽きのこない出しものをすればできる」

一〇玉セットで一〇〇〇円、二〇〇〇円の毛糸と手芸小物を合わせて手芸毛糸の催事ができた。

アイデア商品を扱ったこともある。アイデア商品の場合は、専門商社を通して仕入れをおこなった。必ず新聞の折り込みチラシを配布、集客し、高額なおもしろい商品を販売した。

たとえば一〇〇種類なら一〇〇種類の商品を売り、それに加えて、ダイソーが独自で開発した様々な価格の便利グッズと合わせて、アイデア商品の催事ができた。

今なら一〇〇円で購入できる老眼鏡も、当時は高価な品で、一九八〇円や二九八〇円でどんどん売れた。そのころは、まさか老眼鏡が一〇〇円で販売できるようになるとは夢にも思っていなかった。

矢野は、「ダイソーは潰れる、潰れる、夜も眠れない」と言いつづけていた。

最初はびっくりしたが、そうした矢野の言葉を聞いても、栗森は不安になることはなかった。一社員には、銀行がらみの借り入れの状況はわからない。当時、メーカーの出荷は、大阪が多いのだが、何度か大阪の方でダイソーが潰れるという噂が流されてしまい、出し渋りが発生。売れ筋商品が届かなかったときはおかしいなと思いつつ、さすがにきつかった。

栗森は、ダイソーが倒産するとは思わなかった。当然だが、潰れてしまっては困る。だから、潰れるという話が出るたびに、なおさら頑張ろうという気持ちが湧いてくる。そのような状態が、入社して最初の一〇年くらいつづいた。

矢野は、その他にも花の催事、ハンガーの催事、手芸小物だけの催事、金物市、そして自転車や高額の腕時計なども販売する金融大バーゲンと続々催事をつくった。

ふたりの息子と遊ぶ暇などない

矢野は三人の子どもに恵まれた。夜逃げを経験した長男の寿一と、五つちがいの次男の靖二は、矢野の商売が軌道に乗るまでの苦労を知っている。もうひとり、長女の加代子がいるが、矢野の商売が成長期に入ってから生まれたため、苦労を知らずに育った。

「年商一億円」という目標に向かい、矢野は夫婦でがむしゃらに働いた。そのせいで、子どもと遊ぶ時間など皆無といっていいほどだった。

商売を軌道に乗せるため、子育てそっちのけで働いた。

朝七時ごろには、長男の寿一とまだ寝ている次男の靖二を近所の人に預け、そこから寿一は小学校へ、靖二は起きたら保育所に連れて行ってもらう。

そのまま、小学校や保育所が終わったら兄弟ふたりを近所の人に引き取ってもらい、夜一〇時、一一時ごろになって寝ている子どもを家に連れて帰った。それを平日はずっと繰り返した。

そのため、週五日は起きている子どもの顔を見ることがなかった。

もちろん、誕生日を祝ってやったこともない。

子どもたちが少しでも働けるようになると、矢野は仕事の手伝いをさせた。

朝の出荷作業がピークになると、寝ているところを叩(たた)き起こす。

「これを、早く持っていけ!」

「勉強なんて、せんでもええ」

その反動で、長男の寿一は早々に家業を継ぐということを嫌がり、そのために、勉強を一所懸命するようになった。

寿一は、戦前より各界に多くの人材を輩出してきた男子校「修道(しゅうどう)中学校・修道高等学校」に進学し、野球部で活躍していた。

高校二年の夏のことである。

「医者になりたい。医学部に進学したい」

寿一が突然、進路について教師に相談したらしい。

「もう、今からじゃ遅い。無理だな。しかし、なんで医学部なんだ」

その問いかけに、寿一はこう答えたという。

「家の商売を手伝いたくないからです。家の商売を継がにゃいけんようになったら困るから、医者になりたいんです」

結局、一浪して長崎大学医学部へ進学。今では奈良県立医大の教授として活躍している。やはり、医者の多い栗原家の遺伝子を、寿一は受け継いでいたようである。

いっぽう次男であり、現在、ダイソーの代表取締役社長の矢野靖二は、昭和四六年（一九七一年）四月五日、広島県佐伯郡五日市町（現・広島市佐伯区五日市町）で生まれた。両親からは、生まれて間もなく、広島県賀茂郡西条町（現・東広島市西条町）に移ったと聞かされている。

ちょうどそのころ、父親は正念場にいた。いくつかの商売を経て、いよいよ一〇〇円均一の矢野商店を創業しようとしていた。矢野商店が西条町を拠点として立ちあがるのは、靖二が生まれて一一ヵ月後の昭和四七年三月のことである。

靖二は、父親に遊んでもらった記憶はない。ましてや、どこかに連れていってもらった記憶もない。

父親は、創業した矢野商店を大きくするために、仕事仕事の日々を送っていた。

毎朝早くにトラックに商品を積んで出かけて行き、夜の八時とか九時に帰ってくる。父親とおなじときをすごすのは、従業員たちと遅い食事をしている十数分のあいだ、そのときだけだった。しかし、それも決して楽しい時間ではなく、父親から放たれるピリピリと張りつめたものを息が詰まるような思いで受け止めていた。

そんな靖二の思いを頓着することもなく、父親は、あわただしく食事をすませると、自宅の横にある事務所兼倉庫へと飛び出して行った。翌日の仕事の支度に入るためである。一日働き詰めても、まだ商品の積み込み作業、事務作業が残っていた。

靖二の母親である勝代も、仕事を手伝っていた。忙しすぎて食事がつくれないときには、祖母がやってきて食事をつくってくれたり、近所の家に食事に行ったりした。

靖二も、小学校に入ったころから、仕事の手伝いをするようになった。翌日販売する商品の積み込み、どの商品がいくつ売れたかという売上集計を手伝わされた。

ときには、観たいテレビ番組もあったが、「テレビを観たいから手伝えない」とは口が裂けても言える雰囲気ではなかった。父親のゲンコツが飛んでくるからである。手伝いをしているときでさえも、ちょっとまちがっただけで父親のゲンコツが飛んできた。

靖二は、一二歳から野球をはじめた。ポジションは、守備の要となるキャッチャー。中学卒業後、野球の盛んな広島でも強豪校のひとつとして数えられ甲子園出場経験もある崇徳高校に進学した。

しかし、半年で野球部を退部した。肘と腰を傷め、とてもつづけられる状態ではなくなったこともあるが、一学年上の二年生と折り合いが悪く、三年生が引退したのを機に退部したのだった。

それからは、西条町にいる仲間と遊んで暮らした。

「矢野商店」は、昭和五二年一二月には大創産業として法人化していた。

靖二は、高校の休みには大創産業をアルバイトとして手伝った。だが、そのころもまだ、父親が奮闘し一〇〇円均一の店としてその名を知られるようになっていた「ダイソー」を継ごうと思ったことは一度もなかった。継がなければならないという義務感を抱いたこともなかった。

かといって、ほかに何かしたいという強烈な思いもなかった。専門学校で、なにか専門の知識と技術を身につければいい。将来については、それくらいにしか考えていなかった。

東京営業所が造反、危機一髪

ダイソーは、次々と事業所を広げていった。

昭和五五年（一九八〇年）一一月、東京都足立区の花畑に東京営業所を開設。

昭和五六年（一九八一年）一〇月、九州営業所を開設。

根っからのお人好しなところがある矢野は、裏切られることも多々あった。

矢野は、経歴の立派な人材を採用すると、すぐ専務や常務、部長に抜擢した。

ある専務が、よく部下に言っていた。

「お前ら、人は疑ってかかれよ。必ず人は裏切るんだ。騙されるんじゃないぞ」

そう言っていた専務に、矢野は見事に裏切られた。

相手は、矢野よりも一枚も二枚も上手であるため、やられ放題だった。

信頼して重要な仕事を任せていた営業部長にも、騙された。

部長は、回収した売上金をすべて自分のポケットに入れて帰っていた。

それを知らない矢野は、たずねた。

「おまえ、売上金はどうした？」

「ああ、はい。これレシートです。一ヵ月分、まとめて請求するんで、もらってません」

一ヵ月後、矢野は聞いた。

「おい、入金がないけ、おまえ、電話して聞いてみい」

部長は、言われた通り電話をし、演技してみせた。

「課長、なんで早く、送金してくれんのですか」

電話を切った部長が、矢野に報告した。

「すいません。伝票を経理課長が机の中に置きっぱなしにして持っとりました。来月、入りますから、ごめんなさい」

その言葉を完全に信じ切っていた矢野は、自分が騙されているなど露ほども疑わずにいた。

しかし、その嘘がずっと通用するわけなどない。

とうとう、売上金が部長にもち逃げされていたことが明らかになる。

矢野は、警察に駆け込んだ。

警察が、矢野に言った。

「矢野さん、知らなかったんですか、この男、有名な詐欺師ですよ」

矢野は、納得した。

〈そうか……。いやぁ、人間なんてわからん〉

やり手の人間を採用すれば、すぐ裏切られる。それが定番だった。

才能があればあるほど、すぐに成果を求める。矢野のところである程度のノウハウを習得したとたん、部下を数人引き連れて独立し、おなじ商売を立ち上げたものも三人ほどいた。

そのたびに、矢野は反省した。

〈ワシが頼りないばかりに……。みんな、これならできると思って、出ていくんだろうな〉

だが、その後、成功したという話は聞こえてこない。

人に使われているときは、仲間とともに矢野の悪口や会社への文句を言い合い、同志の気分を味わうことができた。しかし、いざ上の立場のものがいなくなってしまい、自分ですべてやらざるをえなくなったとたん、人は気づく。自分には、捌け口がないということを。だから、自らもがくしかない。結局、もがいて沈んでしまうのだ。

昭和五八年（一九八三年）七月、資本金を五〇〇〇万円に増資してまもなくのことだった。東京営業所を任せていた社員らが造反し、別会社をつくろうと画策した。

矢野は、血相を変え、妻の勝代と彼らの説得に向かった。

が、聞き入れられなかった。

〈今度こそ、潰れる〉

矢野は、倒産の恐怖で、一週間ほど焦げ茶色のような紫色のような小便が出た。

矢野の心も、さすがに砕けた。

〈ああ、今週末くらいには死ぬかな、死ねば楽になれるかのォ〉

眠れない夜に「死」ばかりを考えていた。

ところが、かろうじて東京営業所の数人が残ってくれた。

〈ああ、これで倒産は免れたな。ワシが東京に進出して、利を求めようとしすぎたからじャ〉

矢野は自分を悔いた。同時に、倒産の恐怖の辛さを突き抜けたことで、怖さがなくなっていった。

あの恐怖を思えば、仕事で努力できること自体がうれしかった。

〈会社を大きくしよう、儲けようと大それた考えではいけん。お客様第一主義を忘れてはいけん。会社は、ただ潰れなければいい。生きられればええじゃないか〉

のちに、ダイソーから安くていい商品が出たのも、この経験があったからだ。

バイヤーに、矢野は言いつづけてきた。

「ワシら能力がないんじゃけぇ。儲けようなんて大それたこと思うな。売れればええんじゃ。食えれば、ええんよ。生きられれば、ええんだから、儲けようなんて大それたこと思うな」

この哲学は、火事にあったり倒産しかけたりという大きな悲しみ、苦しさ、辛さの中から生まれた。

専務を妻の勝代に

雇った人間たちの裏切りに疲れはてた矢野は、思った。

〈ああ……、専務はうちの勝代にしよう〉

勝代を専務にしたとたん、矢野の商売はうまくまわり始めた。

勝代は頭がよく、しっかりしており、性格も商売向きだった。尾道で「魚光」という大きな魚問屋を営んでいた実家の血を受け継いでいたのだろう。

やり手の勝代は、ダイソーの仕入れ責任者として活躍し、いつのまにか、矢野以上に社長の器だと言われるようになっていた。

どれだけ、矢野は勝代に助けられたことであろう。

社員の中でも矢野を裏切った人間もいれば、矢野を信じて、矢野と苦労をともにし、今のダイソーを創りあげたものもいる。

そんな社員に、矢野は感謝しても感謝しきれない。

〈申し訳なかったな。まるでガンを背負ったような、こんな会社に入社したばっかりに……。ずっと働かせてばかりで、そのうえふつうの給料しか出せんで……〉

アルバイトから社員に

取材当時、大創産業専務執行役員だった石川政史は、昭和二九年（一九五四年）四月五日、現在は広島県の呉市に含まれる瀬戸内海に面した町で生まれた。

広島修道大学の四年生のとき、友人に誘われてダイソーでアルバイトをはじめた。

当時は、トラックに商品を積み込み、農協やスーパーマーケットの店頭を借り一〇〇円の商品を販売していた。つり銭入れには、大工が使うような工具箱を利用した。工具箱は二段にわかれており、上段に釘などを入れる間仕切り付きのコーナーが設けられている。上段に一〇〇円、五〇円、一〇円などの硬貨を入れ、下段に紙幣を収納した。

石川は、店頭でマイクを握り、声を張りあげた。

「いらっしゃいませ、いらっしゃいませ。どれでも一〇〇円ですよ！」

学生アルバイトが販売をしても、びっくりするくらい売れた。そのころは、洗い桶などを並べていたが、商品の質は今とはちがっていた。

アルバイト料は、当時の平均賃金並みだった。一日あたり四〇〇〇円から六〇〇〇円くらいだったはずだ。

夜は、矢野の自宅で夕飯をご馳走してもらった。そのまま矢野の長男寿一、次男の靖二の部屋に泊まることもあった。

長男の寿一は、非常に勉強好きな子どもで、家業の手伝いよりも勉強をしたがっていた。石川は、はじめて勉強好きな子どもを見たので、寿一の姿がとても印象に残っている。やがて寿一は、医者になった。

石川は、修道大学卒業後、ある信販会社に入社した。割賦販売をする企業で、一年くらい勤めたが、仕事のほとんどが取り立て業務だった。性格が悪くなりそうだと思い、退職した。

その後は、税理士の勉強をしていた。税理士資格取得のために必要な五科目のうち三科目までは合格していたが、全部を取りきる前にやめて、矢野のもとを訪ねた。

「おお、ウチに来いや」

石川は、矢野に迎えられ、昭和五八年（一九八三年）、ダイソーに入社した。

当時の仕事は、矢野のフォローをするため、代理店のもとへ行ったり、販売の手伝いをしたり。

矢野は、ＧＩカットのような髪型で、家庭も仕事も同じといった感覚で働いていた。いつも、石川は矢野宅で晩御飯を食べ、「商売ってすごいな」と感心していた。

矢野の妻の勝代は、晩御飯をつくってくれた。スーパーの催事コーナーでの販売は片づけを終えるのがだいたい一九時。ほかの社員もふくめ、矢野の家へ行って夕食を食べさせてもらっていた。

だから、石川は、矢野の妻の勝代にも非常に感謝している。食事が終わると、それぞれが会社の寮に帰っていった。

社員の場合、販売は、スーパーなどの店頭でおこなうので、お金の管理が難しかった。倉庫から商品を数えて持って出かけ、販売後、売上金と数が合わないことがある。商品が盗まれたり、壊れたり、紛失することがあるのだ。

そういうときは、売上から何パーセントか引いて計算する。その計算がややこしい。それなら、社員を雇用するよりは、いっそ代理店に一定のパーセンテージで商品を卸す方が計算がすっきりして楽だということもあり、社員数は少なかったのだ。

当時の社員で、今も残っているのは、石川より年齢が一歳下で、入社は一年くらい早かった栗森くらいだ。

毎日トラックに乗り各地で店を出す

そのころ、ダイソーは、一〇尺（二トン）トラックという小型トラックに商品を積み込み、高知や山陰などに遠出してまわっていた。一般的なスーパーマーケットの店頭を借りて販売をしていた。

最初は、ベニヤ板に品物を並べていたが、そのうちワゴンをトラックに積んでいくようになった。ただ、ワゴンを大量にトラックへ載せると、かさばって今度は商品がたくさん載らないので、ワゴンは数台に抑えるようにしていた。

スーパーに到着してから、店の裏でビールや醬油（しょうゆ）の空き箱を借りてきて、四つ並べてその上にベニヤ板を載せる。その上に一〇〇円グッズを並べる。

だいたい、トラック販売の初期には一五〇万円分くらい、後半期には、三〇〇万～五〇〇万円分の商品、つまり三万個から五万個分を陳列した。

朝早くから出かけて行き、並べられるだけ並べた。一日の売上は、場所によってちがったが、最初のころは、二〇万〜三〇万円分売れたらよいという感じだった。

スーパーの店頭で連日催事販売する場合は、帰るときは、ベニヤ板の販売台をワゴンで囲み、ブルーシートをかけて紐で縛って帰った。

翌日、またその店へ行き、ブルーシートを外して「いらっしゃいませ」と言いながら、ハンドマイクを握る。

石川がアルバイトをしていたころはエンドレステープがなかったが、途中からは、ラジカセに集音マイクをセットし、壁に向かって「いらっしゃいませ、いらっしゃいませ。どれもこれも一〇〇円です」という内容を言いながら、テープに録音。そのテープを店頭で再生した。ＢＧＭをミックスするような技術がなかったので、音楽は別のラジカセで流していた。

スーパーの店頭での販売をつづけるうちに、いろいろなアイデアが浮かんだ。ワゴンの数を増やしたり、ネットにフックをかけて商品をぶらさげてみたりした。売り場も、それまでより華やかになってきた。

そのうち、キャスターつきの陳列用の棚に商品を入れてトラックに積み込むようになった。

すると、トラックも大きなものが必要になり、ロングトラックを使うようになった。

トラックの数イコール商売できる数だったから、一二〇台から一三〇台までに増えていった。

毎日、トラックに乗り、各地へ出向いた。石川は、入社後半年もしないうちに、九州の営業所へ行くことになった。当時、営業所は東京と広島、九州にあった。

石川は九州営業所を担当。

店頭の催事で販売するときは、店に対して歩合制だった。よその業者は、売上からいくらかを抜くところが多かった。

たとえば、三〇万円売れても一〇万円を抜いて二〇万と報告すれば、業者の手数料が少なくなる。ダイソーは棚卸しをして、そのようなことは絶対に禁止としていた。

矢野は管理体制を強化していた。ダイソーと他の中抜きをしている業者では、売上が同じでも実際の売れ高はちがった。

ダイソーの商品はよく売れるという評判をつくることができたのだ。

そのころ、石川がダイソーのマークをつくった。ダイの字をハッピーという字に似せて書いた。

石川は、数年前、タンスから一枚のTシャツを見つけた。ダイソーに勤務しはじめて最初のボーナスでつくったTシャツだ。Tシャツに「石川一〇〇円だもん」と書いてある。

当時、矢野が、「みんなに覚えてもらえるような名前をつけて、シャツにプリントしろ」と言い、石川は、安土桃山時代の大盗賊の親分石川五右衛門をもじって「石川一〇〇円だもん」という名前をつけた。矢野は、なんとも人を喰った「矢野催促」を名乗った。「石川一〇〇円だもん」とプリントしたTシャツにネクタイを着用し、催事コーナーで一〇〇円の商品を販売していた。

石川は、「石川一〇〇円だもん」の名刺もつくり、営業していた。石川が数年前、イオンの千葉県浦安市にある新浦安店へ出かけたら、店のゼネラルマネージャーが「石川さんの昔の名刺をもっているよ」と話しかけてきた。彼の保存している「石川一〇〇円だもん」の名刺を見せてもらい、石川はうれしくなった。

そのゼネラルマネージャーは今でこそ出世したが、三〇年ほど前は奈良の店舗で販売係をしていたのだ。

矢野は、以前から小学校時代の同級生と集まるたびに、冗談めいた口調で口癖のように言っていた。

「一歩先のことは、ワシには見えない。会社は、いつどうなるかわからん」

「村の貯め池に誰かが浮いていたら、ワシだと思ってくれよ」

近藤英昭はそのたびに思った。

〈矢野は常に経営に関する危機感を抱いているのだな〉

近藤の耳に強く残った矢野の言葉がある。

それは、ダイソーの年商が八億円を超えたときのことだ。

矢野は、うれしそうに言っていた。

「ようやく、年商が八億円になったんだ。ここまで苦労した……」


「一〇〇円ＳＨＯＰダイソー」


昭和六一年（一九八六年）一月、大阪営業所を開設した。

昭和六二年（一九八七年）七月、新社屋を東広島市西条吉行東（よしゆきひがし）一丁目に移転。新倉庫も建設した。

この年一二月には、札幌（さっぽろ）営業所を開設した。

このころから「一〇〇円ＳＨＯＰダイソー」の展開に着手した。

矢野は、「ダイエー」の店頭ではなく店内を借りて商売をしていた。ダイエーには、六割もの商品を卸していた。ところが、あるとき中内㓛（なかうちいさお）オーナーから呼び出された。

「催事場が汚くなる。これからの新時代にはふさわしくないから、ダイエーグループは一〇〇円均一の催事は中止する」

六割もの商品ストップは大打撃だ。

矢野はどうしたら会社が潰れなくて済むかと考えた。

〈そうだ！　ダイエーの客が流れるところに店を出せばいい〉

さっそく、ダイエーの近くに、一〇〇円ショップを出店した。これが常設店舗による一〇〇円ショップのはじまりとなった。

第一号店は、広島県の南東部の尾道だった。三〇坪ほどの広さだったが、店が小さすぎた。置いておけるアイテムに限度があったため、商売はうまくいかなかった。

時代の流れとともに、矢野の事業形態に、変化が訪れていた。

スーパーなどの軒先を借りた移動販売から、店内に設置された催事売り場での商売に変わっていた。

矢野は、他社の移動販売よりもいち早く、常設店舗を展開していった。それに加え、矢野が扱う商品の原価は、同業他社よりも高く、品質には自信もある。

そういった他社との差別化が、ライバルとの競争を勝ち抜く原動力となっていく。

ライバルは一〇社ほどいた。しかし、店頭販売の店を出しても矢野の店に客は流れていく。「大創産業」一社だけが強くなり、次々とライバルたちは潰れていった。

そのようすを見ながら、矢野は思った。

〈ライバルからは、だいぶ恨まれとるんじゃろうの……〉

あるとき、ダイソーに声がかかった。

愛知県北部に位置する江南(こうなん)市にある「ユニー江南店」からだった。

そのスーパーの催事を担当する部長から、矢野は誘われた。

「今、四階が空いている。その四階を全部うちが借りるから、そこに店を出してくれないか」

よく聞いてみると、空いている四階のスペースに、矢野の一〇〇円均一や本屋などいろんなショップの商品を陳列し、客はそこに置いてある商品を自由に手にすることができる。そこで商品を気に入り、購入する際の会計は一ヵ所でするという。

「会計はわたしのところでやりますから、矢野さんのところは、商品を並べておいてくれればそれでいいです」

最初、矢野はこの話に乗り気ではなかった。

〈商品だけ置いておけばいいといったって、四階じゃ売れない。一〇〇円均一は、人がいっぱい通るところに店を出せば売れる。四階までわざわざ人が来るか……〉

矢野は、丁寧に断った。

「すいません。四階まで客は来ませんから、うちは勘弁してください」

「いいから、店を出してくれ」

「そう言われても……」

「店を出さないというのなら、商品を置いておけ」

「いやー、ユニーさんの店頭なら社員を説得できるけど……。四階に商品を置いておけと言われても、みんな、反対します」

「よし、出さないというのなら、ウチとの取引を全部止める」

「えっ、わかりました……」

矢野は、しかたなく、四階に店を出した。

四階の「わざわざ一〇〇均」が大当たり

四階には、ダイソーの一〇〇円均一のほかには、アイデア商品、金物、陶器などいろんな商品が集められていた。

それから三ヵ月ほどして、矢野はユニー江南店を訪れた。

店長の方から、矢野に機嫌よく声をかけてきた。

「お世話になっています」

その言葉に、矢野は驚いた。

〈えっ……、そんな言葉、今までかけてもらったことないぞ……〉

何のことかわからない矢野は、聞いてみた。

「あの……、お世話になっていますって、何ですか？」

店長がうれしそうに話し出した。

「いや、おたくの一〇〇円均一は『わざわざ一〇〇均』だ。一階で同じ商売をやっていても、お客さんはわざわざ四階まで上がっていく。お宅の店に、わざわざ買いに来られている。お宅の商品、やっぱりいいわ」

　矢野はまさかそんな言葉が返ってくるなどとは思わなかった。

　矢野は四階に行ってみた。広い売り場は、がらーんと空いていた。残っている店は矢野の一〇〇円均一だけ。他の店は、全部引きあげていた。

　矢野は思った。

〈しかたなしにやりだしたけど、うまくいっているんだ。よい商品を置いておけば、固定でも売れるんじゃないか〉

　やっぱり「お客様第一主義」が商売をするうえで一番大事なことなんだと、身に染みた。これだけは、身をもって体験しなければ気づくことはできない。

〈『お客様第一主義』を大事にすることで、結局は、自分にみんな跳ね返ってくるんだな〉

　客側にサービスをしてあげているんだと思っていたなら、それは本当の『お客様第一主義』にはならない。客側にサービスすることで、いずれ自分にそれがみんな返ってくる。

「わー、ダイソーの一〇〇円均一はいいですね。いいものを安く買えて、本当にお世話になってます」

「いえいえ、お世話になっているのは、ダイソーの方です」

　そんなやり取りが、矢野の喜びになっていた。

店長から言われた『わざわざ一〇〇均』は、矢野がこの商売をしていくうえで、大きな自信になった。

新設大学入学と同時に休学届けの就活学生

石川政史は、大阪営業所の所長になり、大阪へ転勤した。

石川が大阪で所長をしているころ、矢野の次男の靖二は父親に大学を一年留年させられ、大阪に送り込まれた。ふたりは大阪で一緒に働いた。

石川は一〇年ほど大阪営業所で働いた。前半は、トラックでスーパーなどの催事場をまわっていたが、それから、店舗を出すことになった。

最初は、香川県高松市のある店の二階に、大阪だと、千林や駒川の商店街内に出店した。

面積は、三〇坪くらい。今の売上とは比較にならないレベルだが、そもそも一〇〇円ショップが珍しい時代だったので、よく売れた。一日に一店で二〇万から三〇万円くらいの売上があった。

石川は、店舗用の物件も探してまわった。

私鉄やJRの沿線を含め、関西なら駅前の景色を見てわからない場所はないというくらい、いろいろな場所の不動産屋へ足を運んだ。

東京営業所の担当者も同様に店舗用物件をもとめ歩いていた。多いときは、一ヵ月で六十数店舗も開店した。

そのころは、現在のような大型店舗ではなく、三〇坪から五〇坪くらいの店がメインであった。そこから、少しずつ大きくしていったが、商店街の中には、二〇〇坪、三〇〇坪という店舗自体がなかった。

そのような事情もあり、ロードサイドにも出店してみることにした。当時は、旧大規模小売店舗立地法（大店立地法）があり、一五〇坪の物件がたくさんあった。当時の大店法は、一五〇坪を超えると、大きな規制がかかってきたのでそれ以上のものはなかなか出店できなかった。

店を出してみると、結構需要があった。

ダイソーの戦略は、一から新しい店舗をつくるのではなく、居抜き物件を見つけて借りるというものであった。以前利用していた店舗が撤退したあとで借りると、賃料が安くなる。自分たちで新たに店舗を建設するとなると、契約年数も長くなりリスキーだ。二〇年契約をもとめられても、二〇年先のことなんてわからない。商店街をふくめてほとんどの物件を居抜きで契約した。

ダイソーの場合、商品数が多いので、広くても狭くても臨機応変に対応できた。ほかの商売だと、ある程度広さが決まってしまうだろうし、レイアウトもそこまで柔軟に変更できないだろうが、一〇〇円均一の店は店の面積に応じて、いろいろなディスプレイが可能だった。

矢野の次男の靖二は、崇徳高校での高校生活もいよいよ終わりに差し迫ったころ、担任の先生から呼び出しを受けた。

「吉備国際大学を、受けてみないか」

「吉備」という岡山県の旧国名を冠しているように、岡山県に新設される大学であるという。そこであれば、崇徳高校出身者というだけで何点か上乗せしてもらえ、そのうえ、同じ系列の予備校で決められたゼミを受けるだけで、さらに下駄を履かせてもらえるという。

靖二は、平成二年（一九九〇年）四月に吉備国際大学社会学部産業社会学科に入学した。

入学が決まってからわかったのだが、新設大学には、崇徳高校から四〇人もの同級生が入学していた。新設大学でなかなか学生が集まらず、受験者に優遇措置をしていたのにちがいなかった。

ただ、靖二は、入学式が終わるや、その足で大学の事務室に向かった。なんと、休学の手つづきをとったのである。そのころ、ダイソーは拡大の一途をたどっていた。人手が足りなくなり、靖二もまた、人員のひとりとして駆り出されたのだった。

靖二が大学の代わりに通ったのは、大阪府の東大阪市にあるダイソーの倉庫であった。そこは関西地区の拠点で、そこから、大阪府はもちろんのこと、滋賀県、奈良県といった関西圏、ならびに、北陸にあるダイエー、ジャスコ、ニチイ、平和堂（へいわどう）といった小売業者の店舗へと向かった。

そこでの生活は、幼いころに見た父親と同じだった。

朝は六時には起きて、適当なところで朝食をすませて倉庫に出向く。前の晩に商品を詰めこんだ四トントラックを運転して、その日担当する店の開店時間に間に合うように向かった。基本的に、一店舗の催事場につきダイソーの従業員はたったひとり。

催事場では、「一〇〇円均一」を謳（うた）うカセットテープを流しながら、文房具、台所用品、プラスチック用品、ヘアアクセサリー、ゲーム類など、多岐にわたる品物を並べ、レジ打ち、品出し、すべて靖二ひとりでこなした。

催事場での売上はその店舗店舗の規模、集客力によってちがう。小規模店舗の場合には、商品を並べている間に七万円しか売れない店もあれば、一二〇万円も売れる店もあった。

店じまいは、その店舗の時間に合わせてだいたい午後七時。

倉庫にもどって売上集計と、翌日の積み込み。

食事にありつけるのは、日が変わってからということもめずらしくなかった。それも、たいていがお弁当チェーン店の弁当ばかりだった。

滋賀県や北陸地方といった遠方には泊まり込みで出かけることもあった。北陸のある店舗まで出張したときには、さすがに、なんでこんなところにまで来なければいけないんだろうと思うこともあった。

休みはほとんどなかった。たまの休みの日には、目覚めると夜の八時だったということもあった。それほど疲れきっていたのだ。

二ヵ月もたったころには、体重は一〇キロも減った。そのことが辛いとか辛くないとかそのようなことを思うヒマすらないほど忙しかった。

ただ、さすがに思っていた。

〈この忙しさを一生続けることは、体力的にはできない……〉

いまや、そのころの催事場の経験をしている従業員は、ダイソーでは数えるほどになってしまった。

なお靖二は、一年後、大学に復学した。ただし、大学に通いながら、時間の空いているときには大学のある岡山のダイソーの岡山営業所で働いた。

盆暮れ、正月といった長期休暇の際には、岡山から大阪や名古屋に働きに出かけた。

靖二は、二年生から四年生の三年間で、卒業に必要な単位を修得してしまった。卒論も書ききった。ダイソーでの仕事での体験をもとに「人間関係論」を書いた。

ところが、卒業は許されなかった。一年生のときに休学している。いくら単位を修得できていたとしても、在籍年数が足りないというのであった。

〝就活学生〟に「おまえをわが社に入れるつもりはない」

靖二は、もう一度、四年生をしなくてはならなかった。ただ在籍するだけで、ほとんど大学に通う必要はなかった。靖二は、このことは親にはあえて黙っていた。

ところが、新学期に入って間もなく、親から呼び戻された。どういう経緯でかはわからないが、大学に通う必要がないことが親に知られてしまっていた。靖二は、家にふたたび呼び戻された。一年間、ダイソーで働くことになった。

しかし、父親は、靖二に言った。

「おまえをわが社に入れるつもりはない」

靖二も、ダイソーに入社するつもりはなかった。ダイソーで働きながら、就職活動をした。

決まったのは、イズミ。広島県内では指折り数えるほどのスーパーマーケットチェーンである。

昭和二五年（一九五〇年）に設立された衣類卸問屋の山西商店を母体に発展した。靖二も、ダイソーの仕事で何度かイズミで催事場を開いたことがあった。そのころ、イズミは九州に進出しようとしているところだった。

第三章　一〇〇円の高級品

最初の直営店は高松市

平成二年（一九九〇年）八月、ダイソーは名古屋営業所を開設。

ユニーでの成功を手がかりに、平成三年（一九九一年）四月、最初の直営店を香川県高松市に出店、チェーン展開を本格化させていくことになる。

高松では、人通りがあり活気あふれる高松丸亀（まるがめ）町商店街に七〇坪の路面店を出した。これが大当たりした。

矢野は、直営店の展開を確信した。

〈これで、行ける〉

移動販売であれば、トラック一台に積めるだけ積んだ商品だけで売上が伸びた。極端な表現をすれば、商品を並べておけば並べておいただけ売れた。

ところが、常設店舗であれば、在庫を抱えることになる。出店するためには敷金と礼金、そして毎月の家賃がかかる。

それら移動販売では不要な経費が、常設店舗を出店することで必要になってくる。

人件費プラス常設店舗を維持するための経費の分が、毎月の売上から差し引かれる。

〈ちょっと、大変だな……〉

それが、矢野の正直な気持ちだった。

ギリギリの原価の商品を売って、利益は一円、二円。常設店舗を運営していくためには、少しでも多く売らなければならない。

ただ、矢野はラッキーだった。それまでスーパーの閉店時間が午後六時半だったものが、午後八時半に延長された。二時間、営業時間が長くなったおかげで、その分、売上も伸びた。

また、常設店舗への移行は、働き方に大きな変化をもたらすことに繋(つな)がり、社員にとってもプラスになった。

移動販売であれば、スーパーが閉まる午後八時半まで店を開け、その後、トラックに荷物をまとめ、社に戻ってくるのは夜の一一時。そこに、明日の荷物を詰め込み、作業が終わるのは午前様になる。もしくは、早朝五時に起きて、準備をする。社員たちには、寝る時間がなかった。

しかし、常設店舗であれば、店内にそのまま商品を置ける。店が終わったら社員はすぐ帰れる。深夜や早朝に、準備をしなくても済む。

常設店舗は、社員にとってもメリットがあった。

矢野にとって、常設店舗への移行はしかたない流れであった。

〈金がなくても、店を出していかないとな……。社員たちの働き方も考えないと。嫌な条件が降りかかってきたが、結果オーライじゃ〉

一〇〇円均一ショップはバブルが弾け、長期不況に突入した一九九〇年代後半から急速に売上を伸ばした。

矢野は、月に五〇から六〇店舗もの出店をつづけた。

一〇〇円均一のプライド

矢野の一〇〇円均一という商売へのプライドは、誰よりも高く、強固だった。

勉強会などへ出かけていったときのことである。

そこに集まった経営者同士、名刺交換をする。

「ダイソーの矢野と申します」

そう言って、「一〇〇円均一」と書かれた名刺を差し出す。

とたんに、相手は嫌な顔をした。

〈あっ、一〇〇均の安もの売りか〉

相手は、とりあえず、少しくらいは会話をしようと努力する。

「広島ですか。修学旅行で行きました」

が、もう話したくないという表情をしている。

そんな相手に、矢野は言った。

「一〇〇円でも、あなたが思っている安もの売りとは違うんですよ。同じ一〇〇万円でも、一〇〇万円の車は安ものだけど、一〇〇万円の家具は高級品ではありませんか。うちは一〇〇円でも高級品を売っているんです。ボロじゃ、安ものじゃ、言わないで欲しい」

この商売で生き残りたいから、よりいい商品を目指してやってきたプライドを見せてやった。

それでも、矢野の真意は理解されず、一〇〇円均一をバカにしていたのであろう。

そう言われた相手は、ただ笑って矢野を見ていた。

イトーヨーカ堂伊藤雅俊名誉会長の衝撃

矢野は、経済界の先輩たちから多くのものを学ばせてもらった。あるとき、イトーヨーカ堂の伊藤雅俊名誉会長と会う機会を得た。

伊藤は、大正一三年（一九二四年）四月三〇日生まれ。東京出身。横浜市立商業専門学校（現・横浜市立大学）卒。卒業後、当時の三菱鉱業（現・三菱マテリアル）に就職する。

入社後すぐに、陸軍特別甲種幹部学校に入校し陸軍士官を目指したが、敗戦を迎え三菱鉱業に復帰。昭和二一年（一九四六年）、三菱鉱業を退社し、母親ゆきと兄の譲が経営していた羊華堂洋品店を手伝うことになる。

昭和二三年（一九四八年）、譲が「合資会社羊華堂」を設立して法人化した。昭和三一年（一九五六年）、気管支喘息の持病を患っていた社長の譲が死去したため、経営を引き継いだ。

昭和三三年（一九五八年）、「株式会社ヨーカ堂」に移行（後の株式会社伊藤ヨーカ堂）。スーパー経営に乗りだす。

昭和四六年（一九七一年）、「イトーヨーカ堂」に社名変更し、利益重視の経営で業績を伸ばす。また、昭和四八年（一九七三年）にコンビニエンスストアチェーンのセブン‐イレブン・ジャパン、同年にレストランチェーンのデニーズジャパンも経営する。

平成八年（一九九六年）、イトーヨーカ堂取締役名誉会長に就任し、現在、セブン＆アイ・ホールディングス名誉会長。

矢野は、伊藤名誉会長に面会できるといっても、挨拶程度で終わるだろうと想像していた。

〈どうせ、「いらっしゃい。今日はなんの御用ですか。なるほど、わかりました。また、お返事申しあげます。今日は、ご苦労様です」とか、せいぜい五分くらいだろうな〉

大企業のトップというものは、泰然自若としていて、小さなことには目を向けないだろうと、矢野は考えていた。

だから、矢野は自分に言い聞かせた。

〈少ししか話はしていただけないけど。五分で話が終わり、出てくるけどいいよな。会えるだけで幸せじゃ〉

ところが、五分で終わらなかった。

一時間の約束が一時間半になり、細かいことを次々と質問された。

それでいて、その間次々と社員に怒鳴り声で指示を飛ばす。社員と話が終わると「すぐ帰れ」という具合だった。

矢野の目に映った伊藤名誉会長は、その辺の商人と一緒で、細かいことを言いつづけ、怒りつづけた。

「バカ野郎、お前は、こんなことも知らねえのか」

矢野も散々そう言われ、にっこり笑顔を見せてもらえたのは、一緒に写真を撮らせてもらうときだけだった。

矢野には、衝撃だった。

〈経営者というものは、松下幸之助さんのように組織で動かすことを大切に考えるものだと思っていたけど、そうじゃないんだな。経営者というものは、八百屋のおやじと同じでええんだ〉

商人としての謙虚さを教わった気がした。

〈必死になって生きるため、顧客に満足してもらうために社員を一所懸命指導し、一所懸命頑張りつづけることなんだ〉

細かいことをくどくど言うのは恥ずかしいし、しつこいのは恥だと思っていた。しかし、社長業というものに恥などないと学んだ。

それまでの矢野は、潰れる会社に勤めてくれている社員だと思い、社員を叱れなかった。朝の五時、六時から夜の一一時、一二時まで働いてくれる社員を怒れるはずがない。

しかし、伊藤名誉会長に会った翌日から、矢野は変わった。

必死で社員を怒るようになった。

「夜逃げしやすい会社がいい会社」

かつてユニーの会長を務めた故・家田美智雄からも、矢野はかわいがられた。

家田は、昭和九年（一九三四年）一月七日、愛知県稲沢市に生まれる。愛知県立津島高等学校を昭和二七年（一九五二年）に卒業。上京し、明治大学に入学。昭和三一年（一九五六年）に卒業後、地元のスーパーに就職した。

その後、昭和三六年（一九六一年）に、株式会社西川屋入社。昭和四五年（一九七〇年）、株式会社西川屋チェン取締役就任。昭和四六年（一九七一年）に、ユニー株式会社取締役に就任する。

その後、同社人事部長や、株式会社ユーストア社長を経て、平成五年（一九九三年）にユニー株式会社社長に就任、株式会社ユーストア会長に就任する。

平成九年（一九九七年）には、ユニー会長に就任し、平成一二年（二〇〇〇年）に退任。

会長を退任したのちは、サークルケイ・ジャパン株式会社会長、シーアンドエス取締役、株式会社サンクスアンドアソシエイツの取締役などを歴任している。

矢野によると、家田のすごいところは、社長というよりも、ただのおじさんに見えるところにあるという。

矢野は、あるとき家田に言われた。

「わたしは、ＹＴＢ運動をしているんですよ」

矢野はなんだろうと思い、聞いた。

「ＹＴＢって、なんですか？」

「みんなで、寄って（Ｙ）、たかって（Ｔ）、仕事(ビジネス)（Ｂ）をしようという運動です」

家田は語った。

「仕事はみんなで寄ってたかってするんです。掃除であっても、下の者がするのではなく、店長も社長も常務も関係なく、みんなで寄ってたかってする。これが楽しいんです」

家田はそう語るいっぽうで、よく口にしていた。

「行き当たりばったりなんだ」

矢野は、その部分をすごいところだと思っていた。

〈一個の人間の生き方として、行き当たりばったりというのは、とても崇高(すうこう)なものだ〉

矢野自身も、行き当たりばったりの人間だ。

家田は、ほかにも言っていた。

「僕はね、社長として能力が足りない。能力がないから、恥部を見つけて歩くのが仕事なんですよ。ふつうのゴミなら誰でも見つけるけど、小さなゴミは僕にしか見つけられないんです。そんなふうにして会社の恥部やゴミを見つけて歩くだけしか能力がない。本当に社長に向いてないですよ」

どこまでも謙虚な人柄であった。

あるとき、矢野がユニーに行ったとき、家田に言われた。

「ちょっと、ちょっと、矢野社長、うちの社長室を、見てください」

そう言われて、矢野は、家田の社長室を覗いた。

その部屋は、六畳一間に普通の鼠色の両袖の机とふつうの椅子、今では売っていないようなちゃぶ台みたいな机、食堂にあるような椅子が四つくらい置いてあるだけのシンプルなものだった。

上場企業の社長室といえば、高級な絨毯が敷いてあり、絵画が額に収まって、食器棚が置いてあり、壺などの骨董品が置いてあるのが相場だ。しかし、家田の部屋は、そうした社長室とはまったく反対だった。

反対に、家田がダイソーに来たことがあった。

家田は、矢野を褒めた。

「矢野社長、いい会社ですねえ」

矢野は、褒められた理由がわからなかった。

「どうしてですか？」

「いやあ、夜逃げしやすいじゃないですか。いまどきはみんなビルにして、夜逃げしにくくしているけど、夜逃げしやすい会社が、一番いい会社なんですよ」

家田はユニークな考え方のもち主で、矢野は家田から多くの教えを受けた。

セブン-イレブンの育ての親鈴木敏文の怒り

矢野は、株式会社セブン&アイ・ホールディングス名誉顧問の鈴木敏文からも薫陶を受けた。

鈴木は、昭和七年（一九三二年）一二月一日、長野県埴科郡坂城町で生まれた。

昭和三一年（一九五六年）、中央大学経済学部卒業、東京出版販売（現・株式会社トーハン）に入社。

昭和三八年（一九六三年）九月、株式会社イトーヨーカ堂入社。昭和四六年九月、取締役に就任する。

昭和四八年（一九七三年）一一月、セブン-イレブンを展開するアメリカ・サウスランド社と提携し、株式会社ヨークセブン（のちの株式会社セブン-イレブン・ジャパン）を設立、専務取締役に就任し、コンビニ展開の陣頭指揮を執る。

昭和五二年（一九七七年）九月、株式会社イトーヨーカ堂常務取締役。

昭和五三年（一九七八年）一月、株式会社ヨークセブンを株式会社セブン‐イレブン・ジャパンに改称。二月に、株式会社セブン‐イレブン・ジャパン代表取締役社長。

平成四年（一九九二年）一〇月、株式会社イトーヨーカ堂代表取締役社長。

平成一五年（二〇〇三年）五月、株式会社イトーヨーカ堂代表取締役会長、同社最高経営責任者（CEO）、株式会社セブン‐イレブン・ジャパン最高経営責任者（CEO）。

鈴木は、矢野が卒業した中央大学の先輩にもあたり、とてもよくしてもらっている。

鈴木は、朝から晩まで怒っていた。

十数年前の話だが、セブン‐イレブンで販売されているカレーパンが美味しくなかったために、鈴木が、「パンのバイヤーを呼んで来い！」と突然怒り出した話を聞いたことがあった。

バイヤーがやって来ると、鈴木はものすごい剣幕で言った。

「おい、こら、お前、このカレーパン、美味しくもなんともないじゃないか、馬鹿野郎」

パンのバイヤーも、負けていない。

「会長、お言葉を返すようで申しわけないんですが、そのカレーパン、とてもよく売れてます」

鈴木は、その話を聞き、さらに怒った。

「何！　美味しくもなんともないパンがよく売れているだと。カレーパン、即刻、廃棄せい。美味しくもないものが売れるなんて、お前はセブン－イレブンをひとりで潰す気か。馬鹿野郎！」

そのころ販売されていたカレーパンは、セブン－イレブンに限らず、具と皮がくっついているものがほとんどだった。

消費者は、それでも十分に満足していて、美味しいと思って食べていた。

だが、鈴木は美味しくないと思い、具と皮がくっついていることが気に入らなかったのだ。

普通の社長のやりとりならば、

「おい、カレーパン、美味くもなんともないのになんで売るんだ？」

「いや、大変よく売れてます」

「ああそうか、だったらいいわ。でも、もうちょっと美味しくしろや」

で、終わりだろう。結局、バイヤーはそのまま何もしないはずだ。

しかし、鈴木はちがう。売れているという事実そのものを否定するのだ。

それから二ヵ月後、セブン－イレブンは、リニューアルしたカレーパンを販売したという。

今度は、「具が大きくなって、うんと美味しくなりました」というシールを貼り、新商品を売り出したのだ。

新しいカレーパンは、具が入っている真ん中の部分の皮がプクッと膨らんでいた。今ではどんな小さなパン屋さんのつくるカレーパンでも、みんな膨らんでいる。

矢野は思う。

〈もし、あのとき鈴木さんが激怒しなかったら、今日のカレーパンはなかったわけだ〉

「今日の否定」の凄さ

セブン-イレブンはその後も好調であったが、それでも一年で七割ぐらい商品を替えている。

次々と商品が替わり、一年、二年経てば、看板は一緒でもちがう店であるかのように、陳列される商品は替わっていく。

セブン-イレブンの強味は、その商品開発だ。二〇世紀であれば、それまでの成功方程式を守っていればうまくいった。

だが、今では大きな利益を生み出すセブン-イレブンでさえ、二年したらちがうセブン-イレブンになっている。

矢野は思う。

〈今日の否定。それができることが鈴木さんのすごいところだ〉

矢野は、「21世紀研究会」という鈴木を囲む一七、八人の経営者たちの会に参加していた。

その勉強会では、一時間ほど鈴木の講演を聞き、そのあとディスカッションをしながら会食をする。

矢野がその会で見る鈴木は兄貴みたいな存在だ。矢野の長兄の儀郎は、よく矢野を怒りながら教えてくれたものだが、そんな兄貴のような雰囲気がしてならなかった。

年に二回はゴルフの会もあった。一六人ぐらいで集まり、ゴルフをやる。会費は一万円だが、矢野は、ゴルフのあとの打ちあげでいつも酔っ払ってしまうために、いつも払わずに帰ってしまっていた。

あるとき風邪をひいていたために、酒を飲まないときがあった。そのとき、会費の一万円を差し出したら、幹事が驚いていた。

「お金払うの？」

矢野は聞き返した。

「どうして？」

「この会の費用は、全部鈴木さんがポケットマネーで出してるんだよ」

ゴルフの会では、立派な賞品が出て、豪華なパーティーがおこなわれた。その費用は、全部鈴木のポケットマネーであった。

それを知ったとき、矢野は思った。

〈お袋のような優しい方だな〉

矢野は、流通業界を先導してきた先輩たちに会うにつれて、いつも心底思う。

〈ワシなんか生き残れるはずがないな。彼らの人間力の大きさには、とても太刀打ちできない。それでいて、みんな温かく広い心の持ち主なのだから、自分なんか敵うはずがないな〉

イオングループを築いた岡田卓也の先見力

矢野は、イオングループの礎をつくった岡田卓也とも交流がある。

岡田は、大正一四年（一九二五年）に、岡田屋六代目の岡田惣一郎の長男として、三重県四日市市に生まれた。実家は、四日市で老舗の呉服商の岡田屋を経営していた。早稲田大学在学中には、学徒出陣で陸軍に入隊した。戦後に復学して早稲田大学在学中に岡田屋の当主となり、学生社長として昭和二三年（一九四八年）三月に早稲田大学を卒業した。

その後、三重県四日市市を拠点とする岡田屋と、兵庫県姫路市を拠点とするフタギ、大阪府吹田市を拠点とするシロの三社が提携をおこない、合併してジャスコとなった。全国的な経営をする必要から大阪に移住し、多くの小売会社を合併し、現在のイオングループの基礎をつくった。

現在、イオン株式会社取締役兼代表執行役社長でグループＣＥＯを務める岡田元也は、長男である。

岡田とは、たびたび勉強会で一緒になった。岡田卓也をはじめとする流通業界の先人たちは、みずからの商法を矢野ら後輩にも隠すことはなかった。勉強会を通して、丁寧にそのノウハウや秘訣を包み隠さず教えてくれた。

岡田卓也が語っていたことで忘れられない言葉がある。

「今、日本の小売業は、右肩上がりで量販店の全盛期だ。しかし、この状況はおかしいんだ」

岡田はそう語っていた。

当時は、ダイエーが全盛期だった。

いっぽう、アメリカの小売業は、統廃合や倒産が頻繁におこなわれていた。

右肩上がりの日本の状況はおかしい、と岡田は同業者たちに警鐘を鳴らしていたのだ。

だが、矢野は聞いている当時は危機感はなかった。

〈そんなことはない。ダイエーの勢いは凄いけえ。岡田社長もまちがってるのう〉

岡田はもうひとつ印象に残ることを言っていた。

「今から二〇年先には、流通業はテナント時代に入ってくる」

岡田は先見性をもっていた。

また、岡田はイオン環境財団をつくり、植樹などの環境活動にも早くから取り組んだ。

そうした社会活動に取り組んでいた点においても、矢野は尊敬の念をもってみている。

一商品、一〇〇万個を仕入れる

恵まれず、自分に能力がなかったからこそ、ここまで来られたと矢野は語る。

一〇〇円均一という商売自体が特定のジャンルの商品を売るのとは異なり、恵まれないものだという。

ジャンルがないから、やりにくいこともあった。

一〇〇円ショップには、大手資本が参入してこなかった。それは、利益が出にくい商売だからだ。

バブルの時代には見向きもされなかった。

矢野は、一個の商品を仕入れる際に、一〇〇万個を買うように厳命していた。

一〇〇〇個や一万個なら大手がすぐ参入してくる。大手は、在庫を抱えることを嫌がる。

しかし、矢野の考えは逆だった。

「在庫をどんどん増やせ。在庫は宝じゃ」

そう号令をかけた。

ひとつの商品を一〇〇万個仕入れれば、製造メーカーも一気に生産はできない。一〇万個ずつくらいしか発送できない。生産が間に合わないなら、大手が参入してくることもない。

矢野は、それを見越して、多く発注するようにして、在庫が増えることも苦にしなかった。

かつて、ダイエーコーポレーションが八八円ショップを経営したが、うまくいかなかった。

バッファロー軍団

矢野は、かつて新入社員を相手によく話していたことがあった。

それは、バッファローの群れについてだ。

以前、ＮＨＫの『生きもの地球紀行』という番組で、バッファローの行動を取りあげていたことがあった。

その番組では、何千頭ものバッファローが何千キロも移動して餌場に行き、またもとの場所に帰ってくるという風景を紹介していた。いわば、渡り鳥のバッファロー版である。

矢野にとっては、この番組を観たときの印象が強烈で、忘れられないものになった。

何千頭ものバッファローが前へ前へと進んで行く。川に行き当たっても回り道せず、激流の中を渡ろうとする。必死で泳いで向こう岸に渡ろうとする。なかには泳ぐ力がなく、流されてしまうものもいる。生きる力のないバッファローはふるい落とされてしまうのだ。

次に砂漠が来るとまた、体力のないバッファローや体の小さなバッファローがバタバタと倒れていく。そこを生き延びてやっと草原に入ったかと思うと、ライオンが待ち構えている。

ライオンは、群れから遅れをとるバッファローや弱そうなバッファローを狙って襲いかかる。まさしく苦難の連続だ。

だが、バッファローはなにごともなかったかのように前へ前へと進んでいく。ようやく、餌場にたどり着くと、餌を食む。そして、また同じ道をたどって帰っていく。

番組の最後、砂漠に沈む大きな太陽の方角に向かい、バッファローの群れが砂煙をあげて走っている姿が映し出された。そこにナレーションが流れる。

「誰がバッファローたちにこの過酷な大移動を強いたのか。それはいつごろからはじまり、いつまでつづくのだろうか。それはきっと、バッファローの女神がバッファローという種を生かすために強いた旅ではないだろうか。生き残った強いバッファロー同士を交尾させ、より強いバッファローをつくるために、生き残れないバッファローを次々と間引いて行く。これが生というものなのではないか」

　川で流され、砂漠で倒れ、ライオンに殺されていくバッファローたちを、バッファローの女神は仕方がないとは思っていないはずだ。可哀相だな、申し訳ないな、でも生きるというのはそういうことなのだ、という気持ちで見ているのであろう。

　矢野は、この話をしたあと、新入社員たちに語る。

「ダイソーに入ったからには、川を渡れない、砂漠で倒れる、群れから外れてライオンに食われるバッファローになってはいけない。一所懸命先輩たちのうしろについて走ってほしい。そして数年後には先頭を走ってダイソーを引っ張ってほしい」

　矢野は時折、思う。

〈バッファローの旅の過酷さに比べれば、われわれはとても恥ずかしい生き方をしているのではないか……〉

土下座名人

かつて地元のもみじ銀行の頭取を務めた森本弘道によると、矢野博丈は、若いころ、もみじ銀行の頭取に対しても、しょっちゅう土下座をしていた。

かつて、森本が広島県広島市に本社を置き、総合スーパーやショッピングセンターを展開する株式会社イズミの高西宏昌副社長と食事をすることがあった。その席で矢野の土下座の話になった。

森本は言った。

「ウチの頭取に土下座をしている姿をよその人が見ると、ウチの頭取が矢野さんに土下座をさせとるように映る」

高西もうなずいた。

「たしかに、される方も困りますね」

高西副社長も言う。

「矢野さんは、わたしにも土下座をするんです」

森本は言った。

「どうだい、矢野さんに嫌われても、はっきりと土下座をやめるように言おうじゃないか」

「よし」

森本と高西で、矢野に申し入れた。

「会社も大きくなったので、もう土下座はやめた方がいいですよ」

矢野は、ただちには納得しなかった。しかしその後、雑誌のインタビューに登場することも増え、知名度が増していった。それに合わせたかのように、土下座をしなくなった。

森本は、案じつづけていたという。

「ダイソーは、担保もたくさんあるわけではないから、いずれ潰れる。しかし、潰れるどころか、今のように巨大になってしまった」

中国からの仕入れも開始

栗森健二は、中国へ仕入れに行きはじめた。矢野の妻である専務の勝代と岡谷誠らとで出かけた。

当時の広州は、未開発の荒地の広がる街だった。広州では、世界最大規模の展示会、広州交易会が実施されていた。

まず、ダイソーはその展示会に出かけるのが業界内ではダントツで早かった。その展示会では、コンテナで大量仕入れをおこなわなければいけないのだが、そうした面にも対応するようにした。コンテナ単位で仕入れた商品は、広島の港まで運び、ダイソーの倉庫や福山通運(ふくやま)の倉庫を借りて収納した。

やはり中国の商品は安かった。パッケージが傷(いた)んでいるなど、多少の難点はあったが、よいものを仕入れることができた。それ以前、最初の海外との取引きは、韓国の女性用のアクセサリーだったと思う。店に並べてみるとよく売れた。たとえば、リボンのついた髪留めや、リストバンドやカチューシャといった類(たぐい)のものだ。

しかし、そのうち売れなくなってきた。理由は簡単で、飽きられてきてしまったからだ。そこから、またいろいろなものを海外で仕入れるようになった。

初めのうちは、インテリア系の飾りものが多かった。置物や部屋の装飾品を仕入れた。たとえば、大きめのピンなどは、見栄えがするので客の目を引いた。そのうち、実用物、家庭用品、文具と増やしていった。

バイヤーも増員した。特に、専務の矢野勝代を筆頭に、女性のバイヤーが多かった。なぜかというと、男性は販売、女性は倉庫、事務を基本業務としていたからだ。

交易会に行くようになるうちに、矢野が男性バイヤーも入れるべきだと、男性バイヤーも入れるようにした。女性バイヤーだけだと仕入れるものが偏(かたよ)ってしまうのだ。これ以降男性のバイヤーも加わり、コンテナ入荷が激増した。

そのころの売上は六〇億円くらいだっただろうか。そこから、矢野はダイソーの店舗をどんどん展開していった。出店ラッシュが始まった。売上も増えつづけた。

毎日が搬入しても搬入してもまた搬入というピリピリと忙しい中、社員に負荷がかかる。ミスには、矢野はボロクソに叱り飛ばした。

コンテナは六八平方メートルと二八平方メートルのものがあった。二八平方メートルのものに、小型商品で二〇万個の製品を収納した。商品数は驚くほど増加していった。

手にした大金にも無関心

いまや、「日本のダイソー」から「世界のダイソー」へと成長した株式会社大創産業の創業者・矢野の自宅は、意外にも質素だという。

毎日、帰宅は夜中の一二時過ぎ。ただ寝るだけの家であるため、自宅への興味が湧かない。

以前、洋服店の「株式会社しまむら」の会長を務めた藤原秀次郎を矢野の自宅へ招待したことがある。

藤原が、矢野に言った。

「本宅に案内しろ」

「本宅って、これが本宅です」

「嘘だろう。本宅に、連れていけ」

結局、帰るまで信じてくれなかった。

矢野が親しくしている元プロ野球選手の中畑清が自宅にやってきたときは、こう言った。

「ああ、矢野さんらしいね」

自分の着る服はブランド品など見向きもせず、ネクタイはダイソーの一〇〇円ネクタイ。ダイソーの三〇〇円のリュックを背負い、その中には人々を驚かせるためのバラエティグッズを詰め込んでいる。移動は、ハイヤーなど使わず、単独行動で電車に乗る。

手にした大金などには、まったく無関心である。

ただ、遊びだけには夢を抱いていた。

〈ひとりで、すし屋に行きたい。ひとりで、クラブに行きたい〉

ひとりで料理屋に入れるなんて夢にも思っていなかった。矢野にとって、それは異次元の世界でしかなかったからだ。

それが、叶ったときは、本当にうれしかった。

日本一怒る社長の優しさ

ダイソーも、会社の規模が拡大してきたため、取引のある銀行の社員が出向してくるようになった。

ダイソーへ出向してきた銀行員が、矢野に言った。

「この会社は、みんな社長のことが好きで、みんなよく働きますね」

それを聞いた矢野は、心からうれしかった。

みんなで働こう。みんなで仕事をしよう。掃除ひとつとっても、みんなでやれば、それはただの作業ではなく、仕事になる。それがいつしか不思議な力となって、会社に返ってくるのだ。

一所懸命、働いてくれる社員たちに、矢野はいつも思う。

〈ありがとう。ありがとう〉

それは、ごく自然に湧いてくる気持ちである。

矢野は、昭和六三年（一九八八年）、四五歳のときに、思った。

〈ワシに能力はないんだ。ワシはバカじゃ〉

矢野は、よく「自己否定」という言葉を使うが、それは、この四五歳のときに気づいたことがきっかけとなっている。

矢野は、伊藤名誉会長に会って以来、六五歳くらいになるまで、日本一怒る社長だった。

毎朝、「こらーっ！」と血が出るくらい怒鳴っていた。

幼少期、父親からしょっちゅう怒鳴られ、それが自分にとってプラスになったという潜在意識が怒鳴る矢野をつくったのかもしれない。

ただ、今では、まったく怒らなくなった。

むしろ、怒鳴ったことを後悔する日々を送っている。

〈あのとき、怒鳴った人たちに、どうやって償えばいいんだろう〉

なお、幼少期しょっちゅう怒ってくれた父親の基は、平成六年（一九九四年）四月三〇日、死去した。九六歳であった。

その父親に贈るかのように、この年一一月、ダイソーは、ニュービジネス協議会の「ニュービジネス大賞」の「優秀賞」を受賞した。

のちに小学校時代の同級生の近藤英昭が、矢野の優しさを実感したことがあった。

同じく同級生の宮下はワルで、暴力団員になった。

やがて宮下は、暴力団の幹部にまでなるが、組を脱退して起業し、道路舗装業を営んでいた。

が、五〇代で若くして亡くなった。

そのとき、矢野は仕事の都合で海外にいた。

近藤は矢野から頼まれた。

「今、海外で宮下の葬式には行けないから、わしの分の香典も持っていってくれ」

近藤は、宮下の葬儀に参列した。

すると、葬儀で矢野からの弔電が読みあげられた。弔電の内容は、通り一遍のものではなかった。海外にいる身でありながら、仕事の合間に時間をつくって、矢野自身が宮下のことを思い、考えた長い長い文面であった。

結びはこうであった。

「あのよお、宮下よお、あの世に行ったら、もうヤンチャするなよな……」

読みあげられた弔電を聞き、近藤は思った。

〈矢野は優しいな。忙しいのに、宮下のために時間を割いて、文面を考えたんだな〉

故人のことを思い出させるその弔電に、集まった者たちはみな感動したという。

ふつう、商売で成功した者は、いくら昔仲がよかった幼馴染といっても、暴力団員になってしまった友人に対して、親切になどしない。ふつうならば、関係を絶とうとする。

宮下が暴力団を脱退したのも、矢野が暴力団を辞めるように説得した結果だったとも聞いていた。

近藤はそこに矢野の優しさを見ている。

矢野は、同級生だけに限らず、昔からの知人を大切にする。

若いころ、ハマチの養殖事業がうまくいかずに借金を抱えた矢野が、夜逃げをしたことは第一章で書いた。そのときに迷惑をかけたひとりに、尾道市の吉和(よしわ)川漁業協同組合の組合長の山本正道がいた。

矢野は、よく言っていた。

「山本さんにはお世話になったんだ……。あの人には不義理をしてしまった。一度だけでも、義理をはたしたい」

あるとき、矢野が近藤英昭に言った。

「すまんけど、山本さんに連絡をとってもらえんかのォ」

自分自身で直接は連絡が取りにくかったのかもしれない。

察した近藤は、山本組合長に連絡をとり、矢野と組合長との仲介の労をとってやった。

近藤も、その場に立ち会うことになった。

ふたりとも、久しぶりの再会に感激して涙を流しあっていた。

近藤は、ふたりの涙を流す姿を見て思った。

〈ふたりにしかわからない過去があったんだろうな……〉

第四章　矢野式人材の育て方

大学六年生の学生

取材当時、大創産業の常務海外事業部長だった大原貴光は、昭和四五年（一九七〇年）一月二一日、広島県佐伯郡五日市町（現・広島市佐伯区五日市町）に生まれた。

子どものころから音楽が好きだった大原は、中学三年生のときに同級生と三人組ロックバンドを結成。ドラムを担当することになった。

広島県立五日市高等学校に進んだ大原は、ますます音楽にのめり込んでいった。バンドのメンバーと日々音楽について語り合って過ごした。

大原は明治学院大学へ入学。東京都内の世田谷区東松原のアパートを借りて新生活をスタートさせた。

バンドメンバーも進学や就職にかこつけて上京した。

一日も早くプロデビューを果たしたかった大原は、バンドの練習に明け暮れた。

上京した大原たちは、さっそくライブを開催することにした。友人たちに声をかけると、「メジャーデビューがんばれ！」と励まされ、みんなチケットを買って会場まで足を運んでくれた。

ところがライブを開催するたびに客足は遠のいていく。一年経ち、二年が経つと、チケットはまったく売れなくなった。

さすがの大原も、この現実を認めないわけにはいかなかった。

〈ダメかも知れない……〉

自分にはプロになる実力がない。今まで思いあがっていただけだったんだ。つくづく思い知らされた。

ライブの帰り道、トボトボと帰途につきながら、三人は空きっ腹を押さえた。

「腹、減ったな……」

「でもおれ、ぜんぜん金がないよ」

「おれも。あ、もしかしたら、タンスの奥に小銭があるかも知れない」

アパートの部屋を引っかきまわして手にした小銭でキュウリを一本買い、それを三人でわけた。一口で食べられてしまうサイズだったが、もったいないので、しゃぶったり吸ったりしながら味わって食べた。

フォークグループ『アリス』の谷村新司は、プロデビュー前、自主レコードを制作する際に莫大な借金をしたという。しかし、昭和五七年（一九八二年）にＣＤが発売されるようになって以降は、自主制作ＣＤを誰でも気軽につくれる時代になっていた。

そんなことも理解せずに、自主ＣＤを何枚かつくって得意になっていた。親にわがままを言って留年を重ねてきたが、大学六年目にしてようやく決心した。

〈音楽はもう諦めて、就職活動をしよう……〉

バンドは、ついに解散することになった。メンバーのうちひとりだけは、「歌をうたいながらやっていく」と言って去っていった。

大原も、まだ音楽の道に未練が残っていた。どこかプロのバンドメンバーに参加できないだろうか、いっそ俳優を目指すというのはどうだろうかと迷い、仲代達矢が主宰する『無名塾』について調べたりした。

しかし、「劇団の東大」と称されるほどの狭き門で、中途半端な気持ちで入塾できるようなところではないと知った。

〈結局おれは、ふつうに就職することから逃げるために、音楽を言い訳にしていたにすぎなかった〉

気がつけば、平成六年（一九九四年）、すでに二四歳になっていた。

運悪く、時代はバブルがはじけた直後だった。今までは、放っておいても会社案内の資料が次々と郵送されてきたのに、いざ就職しようと思ったとたんにピタリと来なくなった。

証券会社か大創産業か

大原は、さすがに焦（あせ）った。

〈もし六月一日までに内定をもらえなかったら、どうしよう〉

当時、大学生は内定の解禁日である六月一日に内定をもらうことが常識であった。この日に内定をもらえない学生は、就職活動に失敗したと見なされる。

大原が出した苦肉の策は、証券会社に的（まと）を絞ることだった。バブルがはじけて株価が暴落し、自身も株の売り買いをしていた証券会社は大損をしていた。就職活動をする学生のあいだでは、「証券会社はやめたほうがいい。給料もたいしたことはない」と敬遠されていた。

だからこそ、自分に芽があるのではないか。大原は、大手の野村（のむら）、山一（やまいち）、大和（だいわ）証券には手を出さず、会社四季報を片手に新日本証券、国際証券など準大手から中堅まで約一五〇社に資料請求した。

大原は、どの会社に行っても「御社が一番です！」「御社が第一希望です！」と繰り返した。

一次、二次面接まではかなりの確率でたどり着き、いくつかの証券会社の三次面接を受けるといった日々を送った。その結果、一社のみ、内定をもらうことができた。

六月一日の解禁日がやって来た。同期の友人たちは「内定解禁日は、会社がディズニーランドを借り切るんだ」「飛行機に乗ってハワイに行くんだ」などと、楽しそうに話していた。バブルの名残で、学生たちが他の会社と接触しないように、解禁日に研修旅行などの名目で学生たちを拘束したのである。

いっぽう大原は、有楽町にある本社ビルの会議室で解禁日を迎えた。昼食は、のり弁であった。

入社二年目の先輩が、大原ら学生に滔々と話をした。

「朝は七時半に出勤して、新入社員は一日一〇〇軒回り。最終電車で寮に帰るのが日課だ。一週間に一度、木曜日だけはリフレッシュ休暇として夜八時半に帰ってもかまわないよ」

次に教官が言った。

「おまえたち、帰ったらすぐに日経新聞の定期購読を申し込んで、論文をふたつ書くんだ。それを、来年の三月に提出しなさい」

大原の気持ちは、たちまち萎えていった。就職活動中は、内定を取りたい一心で証券会社を選んだが、いよいよ現実が目の前まで迫ってきた。

暗い気持ちで大学最後の夏休みを迎えた。二〇代半ばにもなると、かつての同級生たちも次々と結婚する。広島の友人から披露宴の招待を受けた大原は、『青春18きっぷ』を買って同郷の友人とふたりで帰省することになった。

東京駅から、深夜に一本だけある東海道本線大垣行きの鈍行列車に乗り、一五時間以上かけて広島に戻った。

広島駅で時計を見ると、午後三時半だった。すると、一緒に帰省した友人が遠くを指さしながら、大原に言った。

「なあ、あれにちょっと寄ってもいいか?」

友人が指さした先のビルに、「Uターンセミナー」という横断幕があった。友人はまだ就職が決まっていなかった。特に予定のなかった大原は「いいよ」と言って、つきあうことにした。

会場には、企業ブースがいくつも並んでいて、大勢の学生たちで賑わっていた。

その中に「大創産業」と書かれたブースがあった。

あくまでただの気まぐれ、暇つぶしであった。大原は、何となくそのブースで順番待ちをして、面接を受けた。

大創産業の面接官が、いくつか質問したあとに言った。

「明日、本社で面接するので来ませんか？」

翌日もヒマだった大原は、思った。

〈若い男が昼間からブラブラしてたら、風が悪い（世間体が悪い）。用事をつくっておいたほうがいいな〉

大原は、面接官に頭を下げた。

「はい、わかりました。よろしくお願いします」

翌日の面接は、市内にあった広島平安閣でおこなわれた。通された会議室は披露宴やパーティーもおこなわれる会場らしく綺麗な内装で、出てきたランチは豪華な三段お重。証券会社の無機質な部屋で出されたのり弁とは、天と地ほどの差があった。

美味しそうなご馳走を前に、大原はただただ驚いた。

〈何なんだ、このちがいは……〉

昼食後の面接で、面接官が大原に質問してきた。

「きみは、大創産業という会社を知っているかね？」

「はい、知っています」

嘘だった。だがここまで来て、知らないとは言えない。

面接には、社長の矢野博丈みずから出向いてくれていたが、大原はこのときのことはあまり覚えていない。鮮明に覚えているのは、お昼の豪華な三段重と、交通費の精算だった。

　面接終了後、大原は、実家のある五日市からの切符代を書いて出した。すると、担当者が聞いてきた。

「あなたは、東京の大学でしょ？」

「ええ、そうですけど」

「新幹線代を書いておけばいいよ」

「でも、青春18きっぷで帰省しましたから」

「いいから、書いとけよ」

　大原は、おおいに戸惑った。

〈本当にいったい何なんだ、この会社は〉

　大原は帰宅後、もらった資料を読みふけった。資料にはこんなことが書かれていた。

「主婦客のひとりが『安もの買いの銭失い』とつぶやくのを創業者であり社長である矢野博丈が目の当たりにし、それ以来、矢野は仕入れのスタイルを変え、利益を取るのではなく、お客様に喜んでいただくために、売価一〇〇円の範囲で可能な限り質にこだわった商品構成に変更した。お客様に喜んでいただくためには、人間としての、商人としての一所懸命な思いをどう鼓舞できるかにかかっている」

　大原は思った。

〈世の中にはこんな商売があったんだ。面白そうな会社だな〉

このときの大原は、まだ大創産業という会社に対して興味を持ったという程度であった。しかし、証券会社の内定は断ろうと思った。

「それでもいいよ」の入社

ところが、いよいよ卒業という段階になって、必修科目の経済原論を落としてしまい、卒業できなくなってしまった。

加えて、平成六年一二月にオートバイで事故を起こした。大原は、左の膝（ひざ）の皿が粉々に割れる大けがを負ってしまった。

大原は、泣く泣く大創産業に電話を入れた。

「内定をいただきましたが、単位をひとつ落として卒業できなくなりました。それに事故で足を怪我（けが）して、出社もできません。せっかく内定をいただいたのに、本当に申し訳ありません」

電話を受けた人事部の黒田隆司から「ちょっと待ってて」と言われ、保留音に切り替わった。

何分かして、戻ってきた黒田が言った。

「それでもいいよ。入社しなさい」

大原は、わが耳を疑った。

「いいよと言われましても、わたくし、もう一度説明しますけど……」

「だから、構わないよ」

「でも、すぐに働けませんし……」

「東京勤務という形でいけばいいから。大学も卒業までつづけてもいいよ」

信じられなかった。黒田は何も言わなかったが、すべて矢野の好意だったのだろう。

平成七年（一九九五年）八月、大原は、同期から四ヵ月以上遅れて大創産業で働きはじめた。足は、ほぼ完治していた。事故直後の手術で左足にワイヤーを入れ、半年後のゴールデンウイークにワイヤー抜き取り手術をして、さらに三ヵ月。リハビリを経て、ようやく歩けるようになった。

出社した大原は「東京営業所」と書かれた名刺をもらい、機会を見て広島本社にいる矢野のもとへ挨拶に行った。

「社長、ご迷惑をおかけしました。歩けるようになって、東京で働かせていただいています」

すると、矢野が言った。

「あんた、こっちを手伝ってくれ。まあ大学があるから、必要なときはちゃんと東京に帰してやるけぇ」

この一言で、大原は広島本社勤務になった。

大原に与えられた仕事は、出店希望者の対応であった。入社当時の平成八年（一九九六年）九月にはダイソーは資本金を四億九六六〇万円に増資していて、すでに一ヵ月で五五店舗も出店するほどの勢いであった。大原は電話応対、出店希望者やデベロッパー（開発業者）との打ち合わせなどで、いきなり忙しくなった。

当時はインターネットもなかったため、地方の出店予定地への視察予定が入ると、宿泊台帳を見ながらホテルの電話予約をするのも大原の役割だった。

あとでわかったことだが、矢野は、足が悪い大原のために、店舗や倉庫ではなく事務所で座ってできる仕事を与えてくれたのだった。

広島本社での勤務は、厳しい面もあるが、非常に家族的で温かな雰囲気であった。大学は、八月の入社から四回ほど東京に行かせてもらって単位を取り、無事卒業することができた。

もの凄く厳しく、もの凄く優しい

大原は、平成八年、入社二年目を迎え、足の怪我もすっかりよくなった。午前中に商品の詰まった二〇フィートコンテナを、空きスペースに次々と降ろしていく作業を手伝うことになった。大の男三人がかりの作業である。午後は来客の対応、忙しいときは倉庫や店舗にも顔を出し、夜は接待という日々である。当時は社員もまだ少なく、ひとりひとりが矢野に直接報告をして決裁を取っていた。仕事の範囲が広がった大原は、一年目のときよりもさらに矢野に近いところで仕事をするようになった。

　その代わり、矢野のカミナリが毎日落ちた。大原が電話応対をしているときの言い方がよくないと、たびたび怒られ、ときにゲンコツも食らった。

「そんな言い方をしたら、かえって誤解されてしまうだろう！」

　仕事をするたびに、矢野から怒られる。一度は胸ぐらを摑まれたこともある。あんまり怒られるので、「いい仕事をしよう」というよりも「怒られないで済む仕事をしよう」という気持ちになった。

　大原は、思わず同僚に愚痴をこぼした。

「こんなに怒られてばっかりなら、もう、次の就職先を探そうかな」

　しかし、それも、子どもが親に甘えるような気持ちでつぶやいただけで、本気ではなかった。

　大原はやがて、自分が入社二年目にしてなにごともルーチンワーク的で、いい加減な処理をしていたことに気づいた。

〈これでは怒られて当たり前だ。仕事にはいつも真剣に取り組もう〉

そんな自覚ができてから、怒られる回数も少なくなっていった。振り返ってみれば、怒られてばかりのこの時期があったからこそ、社会人として成長できたのだと思う。

もの凄く厳しいが、もの凄く優しい。矢野博丈は、そういう男だった。

大原が風邪（かぜ）を引いたとき、矢野は「朝食べてないだろう」と言ってヨーグルトなど消化にもよいものを持って来てくれた。お昼も食べやすいおにぎりを差し入れてくれる。

やがて矢野の運転手も務めるようになった大原は、毎晩遅くまで社長の仕事についてまわることになった。

ある夜の帰り道、車の後部座席に座る矢野が、運転する大原に言った。

「おまえ、今日は遅うなったけん、明日はゆっくり来い。ゆっくりしてよいけぇの」

「ありがとうございます」

礼は言ったが、もちろんそんな訳にはいかない。翌朝ふだん通りに出社してみると、やはり矢野のほうが早く出社している。

代表として重責を担（にな）っている矢野のほうが、自分よりはるかに疲れていることはまちがいないのに、自分にねぎらいの言葉をかけてくれる。大原は、矢野の心のこもった言葉を聞けたことが、何よりも励みになった。

大原は、矢野の生き様（ざま）を見て、かつてボクシングのオリンピック強化選手だった経験が

やんだったな〉

〈おれもバンドの練習を一所懸命やったつもりだったが、社長に比べたら、つくづく甘ちゃんだったな〉

大原は、甘い夢を追いかけていた過去の自分を恥じた。思い出したくもないので、バンド時代の写真はすべて捨ててしまったし、当時の話は一切誰にもしなかった。

大創産業で落ち着いて仕事ができるようになってきたころ、ようやくポツポツと過去の話ができるようになった。しかし、懇意にしている先輩から「ちょっとドラム足りないからやらない？」などと誘われても、「それだけは勘弁してください」と断った。

今でも、バンドをやっていた時代のことを思い出すと、穴があったら入りたい気分になる。だから、誰かに過去を話すのは、「自分はこれほど愚かだったんだ。人に迷惑をかけてばかりいたんだ」と己を戒めたいときに限っている。もう一度人生をやり直すとしたら、絶対にドラムスティックは握らないし、バンドの代わりにもっと何か小さなことでもいいからコツコツ努力を積み重ねていきたいと思う。

ある日、大原は、ふと思った。

〈もしバイクで事故ってなかったら、東京勤務のままだった。そうしたら社長と疎遠なまま、すぐに会社を辞めてしまったかもしれないな〉

入りたての新人に、仕事の面白さがそうそうわかるものでもない。大原が仕事をつづけられたのは、矢野の人柄に因るところが大きかった。大原の胸に、「自分は、矢野社長に拾っていただいたんだ」という感謝の気持ちが、どんどん膨らんでいった。

月に六八店舗開店の時代

取材当時、ダイソーグループの中部商会オレンジ本部代表取締役を務めていた渡辺有和は、昭和四八年（一九七三年）九月二九日、広島市江波に生まれた。広島の安古市高校時代、バドミントンに熱中した。そして関西の名門・関西学院大学に進学した。スポーツ推薦だったという。

大学での四年間、バドミントンはつづけた。当時、広島市役所がバドミントンの強豪で、渡辺に声がかかった。ところが、公務員試験に失敗した。ここで少し人生の歯車が食いちがったのかもしれない。

一年留年して、さあ就職活動をはじめようと思ったが、ここで困ったことが起きた。

当時は、現在のようなインターネットの就職活動など存在しない時代だ。卒業見込みの大学四年生には、各企業から膨大な勧誘のハガキやＤＭが届く。しかし、留年してしまったため、渡辺には肝心のＤＭがまったく届かなかった。

やむを得ず、地元広島の就職情報誌を買い、その中から一〇社を選んで資料請求をした。その中のひとつが、一〇〇円ショップのダイソーだったのだ。

友人には、「なんで関学出て、一〇〇円ショップなんだ」と言われた。

しかし、渡辺は、大学もスポーツ推薦で入ったという自覚があり、変なこだわりがなかった。むしろ、これから成長する企業だということに魅力を感じた。

情報誌では、「今後の成長」の項目が最高値だった。その点に強く惹かれた。

〈面白そうだな……〉

大学のあった兵庫県で説明会があり、そのあとに面接官と食事に行った。

そういう試験方法ははじめてだった。渡辺は、酒飲みなので、ビールを飲んだ。それで気に入られたのかもしれない。

現在では考えにくい光景だが、当時はそんなのどかな出来事もあったのだ。

最終面接まで進み、そこには矢野も同席していたはずだが、緊張していてあまり覚えていない。

そしてダイソーに就職することを決めた。平成八年（一九九六年）のことだ。

入社して半年は、営業部所属だった。当時のダイソーは急成長していた時期で、毎月何十店舗という新規出店があった。年商はすでに三二〇億を突破していた。新入社員の渡辺は、それらの開店準備のために、毎日のように駆り出された。

バドミントンで鍛えたおかげで、体力には自信があった。搬入や販売応援など、社外に出て仕事をするのも苦ではなかった。楽しかった。

出張に次ぐ出張の日々。朝は午前八時半くらいから、閉店後の午後九時過ぎまで。それが毎日つづいた。でも、キツいとは感じなかった。

半年後、渡辺は、本社に配属された。仕事の内容は、引き続き営業部だった。

ダイソーはどんどん成長していった。ピーク時で、月に六八店舗開店、という猛烈な忙しさがつづいた。

出店が決まる。商品の搬入を段取りして、本社から応援に出るスタッフを決め、宿舎を手配する。そういった裏方の仕事を、来る日も来る日もこなした。そうして、渡辺は「出店」に関するあらゆる業務を一から覚えていった。

長引く不況もあり、一〇〇円ショップは、全国から求められていた。こちらからもちかけずとも、会社で机に座っているだけで、フランチャイズを希望する電話が一〇本も二〇本もかかってきた。その応対をするだけで一日が終わってしまうこともあった。

「みずてん」という言葉がある。様々な意味があるが、「見ず店」という見方もある。出店の担当者が、多忙のあまり、予定地を見ることができずに出店を決めてしまうことをいうのだそうだ。

そんな言葉が横行するほど、ダイソーはどんどんフランチャイズを増やしていった。

五〇〇店舗、年商三〇〇〇億円、専務である妻が退社

ダイソーが国内に五〇〇店舗、年商が三〇〇〇億円に達した平成九年（一九九七年）三月、専務であった矢野の妻の勝代は、きっぱり現場から身を引き、一介の主婦に戻った。今、勝代は、しまなみ海道が走る尾道市沖合いの向島の別荘で、悠悠自適（ゆうゆうじてき）の毎日を送っている。

仕事を辞めたきっかけは、ふたりの息子が結婚し、たまたま海の見える家が手に入ったからだった。

ダイソーの大株主として莫大な財産を手にした勝代は、「公益財団法人しまなみ奨学財団」の代表者として、親から援助を受けることが難しい学生たちに対して奨学金を給付する活動をしている。

なおダイソーは、平成九年一一月に通産大臣賞「貿易貢献企業賞」を受賞。

平成一〇年（一九九八年）。入社三年目、渡辺有和にひとつの転機が訪れる。

そのころ、ダイソーの営業部は、出店に関してエリア制を敷いていた。たとえば、北海道の担当者は、店舗運営の責任者であり、出店の責任者でもあった。東北、関東、中国と、それぞれの担当が地区全体を受けもっていた。

そのなかで四国の担当者の行動が、渡辺には気になっていた。その人物は当時すでにベテランで、そういうスタイルが身についてしまったのだろう、自分の担当区域である四国に、まったく足を運ぼうとしなかったのだ。彼は広島の本社で自分の机に座ったまま、再三の四国の出店調査の要請にも応えることがなかった。

そのため、同業他社がその場所に出店してしまうという事態が起こっていた。

ダイソーでは以前から、「思うことがあったら、何でも社長に直接言え」という社訓のようなものがあった。渡辺は思い余って、例の四国担当の件を矢野に直訴した。

「このままでは、四国がやばいです」

すると矢野は、間髪を容れずにこう言ったのだ。

「わかった。では四国は、お前がやれ」

二年目の青年である。出店支援は経験があるものの、出店候補地をゼロから選ぶという大仕事はしたことがない。しかし矢野は、この青年に何かを感じたのだろう。

いわば、ダイソー未開の地だった四国に、青二才を送り込むことを決定したのだ。それはまるで、西部劇で荒野に単身送り込まれた若き保安官のようだった。

渡辺はまず、二泊三日で四国に乗り込んだ。幹線道路を車で走っていたとき、まったく偶然に空き家になっている手ごろな建物を二軒見つけた。

一軒目は香川県三豊市高瀬町。紳士服店が退店したあとらしく、看板は白いままだった。記載されていた連絡先の大手不動産会社に電話したところ、すぐに建物の持ち主にコンタクトをとることができた。

このときに出店を決めた「高瀬店」は、二〇年近く経つ現在も営業中だという。二軒目は徳島で見つけた。やはり街道沿いの、ホームセンターの跡地であった。じつはその隣で営業していた書店の主が持ち主で、ちょうど一〇〇円ショップへの転業を考えていたのだという。

「ダイソーにも電話したんだけど、まったく連絡がなかったんで、もうちがうところに決めようかと思っていた」

渡辺は即断した。

「いやいや、やります、やります」

この徳島の店の方が高瀬店よりも先にオープンした。

初日から三日間連続、一五〇万円以上の売上を記録した。

一〇〇円ショップが近隣にどころか市内に一軒もなかった。ダイソーの看板を出せば、お客は面白いほどにやってきた。ろくに立地も調べずに開店して、この成績。現在では考えられないことだが、少なくとも渡辺の四国開拓は大成功だったといえるだろう。

四国にはその後も順調に店が増えつづけ、今では一〇〇店舗以上が営業している。

渡辺は四国の出店開発もしながら、社員の新規採用にも携わった。

自分が「関学出たのになぜ一〇〇円ショップ？」と言われた当時とは、時代の風向きも変わった。様々なテレビ番組が「一〇〇円ショップが今大人気」と特集してくれた。ダイソーとはどんな会社なのか。なぜ一〇〇円で採算がとれるのか。品質はどうなのか。そういったことを、説明会で参加者に話して聞かせた。手ごたえはいつも十二分にあった。

しかし、入社してからの定着率がよくなかった。渡辺の同期は二九人いたが、現在まで残っているのは三人だけだ。

たしかに労働時間は長かった。朝八時半から夜一一時、一二時まで。そんなことが気にならないタイプだけが残ったのかもしれない。

辛いことは、瞬間瞬間にはいくつもあった。しかし、自分自身で新規出店にふさわしい場所を見つけ、開業にこぎつけ、お客が店舗にたくさん来てくれる。そういう成功体験が積み重なって、渡辺の「ダイソー愛」は順調に育まれていった。

渡辺は、広報も経験した。主な業務は、矢野に対する取材の受付だ。当時から、マスコミの取材申し込みはとても多かった。案件ごとに自分が判断することはない。すべて社長に報告し、決裁をもらう。

今でもそうだが、矢野は怖かった。激しく叱責されたことも何度かある。

覚えているのは、アポイントなしでフランチャイズ希望の訪問者が来たときのことだ。

「自分は社長とは懇意だ」という言葉を信用し、とにかく応対した。矢野本人があいにく不在だったため、渡辺が接客して、その訪問者が帰るときのことだ。

矢野はいつも、来訪者に対しては、自身が決めた土産品（みやげひん）をもたせることにしていた。渡辺も「きっと社長だったらこうしただろう」と、その訪問者に酒を土産として渡した。

これが、矢野の逆鱗（げきりん）に触れた。

「アポなしで来た客に対して、いくら本人が『社長と懇意だ』と言ったからといって、酒を土産として渡すのは、いかにもいい加減な会社だと思われる」

今でも思い出すくらい、激しく叱られた。

ただ、矢野はこうして社員を厳しく叱ったあと、絶妙なタイミングでジョークを飛ばしてフォローしてくれる。それで救われたことも何度もあった。

第五章　破竹の海外進出

「ダイソーが潰れる」

平成一一年（一九九九年）ごろ、ある噂が流れた。

「ダイソーが潰れる」

当時、ダイソーは次々と店舗を出店し、どの店よりも安く販売していた。ライバルとなるホームセンターなどにとって、ダイソーは邪魔な存在でしかない。

「あれだけ安い値段で売って、儲けなんか出るのか？」

「矢野という社長は、在庫をたくさん抱えているらしいぞ」

ライバルにとって、矢野の商売の仕方は胡散臭いものでしかなく、とうてい商売として成り立たないと映っていた。

「どうせ、ダイソーは潰れる」

いつしか、そういう噂がどこからともなく囁(ささや)かれるようになっていた。

銀行の支店長らが、みんな口にした。

「矢野社長、問い合わせがたくさんありますが、どう答えましょうか」

矢野は、あっけらかんと返した。

「いや、よくわかりませんとでも、言っておきなさい」

「それで、いいんですか？」

「それでええんじゃ。いい会社だと言われることくらい、会社にとってよくないことはない。会社が危ないと言われるくらい、会社の活力が出るものはない。これほどの頑張る栄養源はないんじゃけ、『わからん』と言っておいてください」

あるとき、ファーストリテイリング代表取締役会長兼社長の柳井正(やないただし)が、パーティーの挨拶(あいさつ)でこう言っていた。

「株式会社のうちの九割は、創業から一〇年以内に潰れる。五年以内では七割です。うちの会社は、三〇年続いたんです。三〇年続く会社は、〇・〇一パーセントしかないんです。うちはその〇・〇一パーセントに入った奇跡的な会社なんです。これから株は上がります。株を買ってください」

創業一〇年以内に九割の会社が潰れるということは、そもそも会社は潰れるようにできているということだ。創業時には、金もなく、顧客もなく、いい社員もいない。そんな中、生き残っていくための苦労をしながら、格好よくしようと体裁を整えるため、どんどん会社はドツボにはまっていく。

そんな表面ばかりよくしても、何の意味ももたない。

それより、「潰れる」と言われていた方が、会社的にどれほどのメリットをもたらしてくれることか。

ただし、噂が広がれば広がるほど、メーカー側の対応に変化があった。手形を渡しても「現金に換えてくれ」と手形を返してきた。いらぬ心配をかけてしまうことは、心苦しくもあった。

「潰れる」という噂が、イトーヨーカ堂の伊藤雅俊名誉会長の耳にまで入ったらしい。

あるとき、矢野にイトーヨーカ堂の伊藤名誉会長から電話がかかってきた。

「おい、矢野さん、大丈夫か？　ヨーカ堂といえども銀行は雨降りには傘を貸さない。わたしのところも、紆余曲折があって、やっと今日があるんだ。経営者にとって金がないというのは、日常茶飯事なんだぞ。それを恥じることはないぞ。気にするな。金が必要になったときは、わたしに相談しなさい。貸した金が返せないなら、株で返せばいいぞ。株を渡すのが嫌なら、そのまま貸しつづけてやるぞ。いいか、ひとりで苦しむなよ。ひとりで悩むなよ」

ふだんは鬼のように厳しい人が、優しい声で「金が返せないなら株でいいぞ。株を渡すのが嫌なら貸しつづけてやるぞ」と言ってくれたことに、矢野は驚いた。同時に、元気が出てきた。

矢野の元気な姿のおかげか、「ダイソーは潰れる」という噂はほどなく、さーっと引いていった。

請われて台湾へ進出

ダイソーは、平成一二年（二〇〇〇年）一月、「'99ベンチャー・オブ・ザ・イヤー（株式未公開部門）」を受賞した。

三月には資本金九億円に増資。

平成一三年（二〇〇一年）六月、さらに資本金二七億円に増資した。

渡辺有和は、四国担当のあと、中国地方の店舗開発も担当することになった。そして同じころ、台湾出店に向けたプロジェクトが動き出す。平成一三年、出店は八月の予定だった。

ダイソーは当初、海外への展開を想定していなかったという。矢野本人も昔から、会社を大きくすることに関しての興味はないと語っていた。ただ潰れなければいい、と。そんなダイソーが台湾への出店に至るには、台湾出身の実業家で直木賞作家の邱永漢の存在があった。

邱が自ら「台湾で一〇〇円ショップをやりたい」と猛アピールして売り込んできたのだ。

「海外で成功するはずがない」

そう言って、矢野は何度もこの話を断った。

その春にも、邱永漢が矢野を訪ねてきた。

邱永漢は日本統治時代の大正一三年（一九二四年）三月二八日、台湾台南市に生まれた。昭和一七年（一九四二年）に内地（日本国内）へ渡った。翌年に東京帝国大学経済学部に入学。卒業後は台湾に戻って華南銀行に就職。が、台湾独立運動に関係して中国国民党政府から逮捕状が出たため香港に亡命。このとき、物資欠乏の日本に郵便小包で商品を送る事業をはじめて成功させた。それをきっかけに、「お金儲けの神様」といわれる事業家にまで登りつめた。

また、日本で作家デビューし、昭和三〇年（一九五五年）には小説『香港』で直木賞を受賞している。

ところが、邱永漢は静岡県を拠点とする小売業者のヤオハンと組んで海外進出を目指すが、失敗。平成九年（一九九七年）にヤオハンは倒産し、邱永漢も八三億円もの損失を出した。銀行から融資を受けて台湾北部の桃園市に建てたデパートの不動産価格が値下がりしてしまったのだ。

このヤオハンの置き土産を、今後どう活用していくか。邱は頭を悩ませた。

本体のデパートは台湾の三越に買ってもらった。その向かいの建物は、商業団地としての認可を受けていたため、デパートと相乗効果のある利用法を考えた。邱は二階をアウトレットに使い、一階をレストラン街、そして、地下は二坪でもできる個人経営の小さな店の集合体を考えた。そのための設計図もつくった。

しかし、アウトレットを自分で経営するには人材もいないし、日本のファッション・メーカーに出店を促すだけでも大変な仕事になってしまう。一〇〇〇万円でもスタートできる小さな店に対して何軒かの申し込みはあったものの、一五〇店舗のスペースを埋めるには無理があり、話を先に進めることはできなかった。

そして、知恵をしぼった末に辿りついた新しいビジネスが、ダイソーの台湾への誘致であった。

当時、日本に一〇〇円ショップは三〇〇〇店ほどあり、そのうち半分を超える一六〇〇店をダイソーが占めていた。それを知った邱は、矢野と話をしてみたいと思ったのだ。

邱永漢は、矢野から今日に至るまでの苦労話を聞いた。邱がビジネスの話の中でもっとも面白いと思ったのは、戦前からあった均一ストアという発想を、矢野が一過性のものではなく、商売のひとつのスタイルとして確立したことであった。しかも商品は四万アイテムもあり、お客に飽きられないために、毎月七〇〇も新商品を追加している。

一品一〇〇円の商品を年間一五〇〇億円も売るということは、ひとつの商品のワン・オーダーが五〇万個、一〇〇万個になる計算だ。単品のオーダーでは、世界最大のスーパーマーケットチェーン「ウォルマート」よりも量が多く、そこに常識を破る安い値段の秘訣がある。顧客のニーズを徹底的に追求する姿と、工業社会に育った矢野だからこそ展開できたコスト・ダウン攻勢が、他の格安ショップとは一線を画していた。

邱永漢と合弁で出店

邱は、矢野に台湾進出を熱心に勧めた。

「わたしの故郷の台湾でも、ダイソーはきっと人気を博するにちがいありません。社長、台湾に進出して出店してみませんか」

矢野は言った。

「これまでにも、広島まで来て『台湾で店を開かせてくれませんか』と申し込んできた人が五〇人もいました」

しかし、台湾のことなら誰よりも邱が知っている。邱は、何度も広島本社に足を運び、矢野を執拗に口説いた。

折しも台湾が日本に次いで空前の大不況に落ちた矢先で、店閉まいをする商店やレストランはあっても、新しく店開きをする動きは皆無だった。

邱は言った。

「今は台湾も日本と同じように産業界の選手交替の時期です。ダイソーは、デフレになればなるほどかえって繁盛(はんじょう)する商売にまちがいありません」

ついに邱永漢に口説き落とされた矢野は、言った。

「それならば合弁事業で、運営は邱先生のところでお願いします」

海外初進出である。矢野は、邱にすべて任せる決心をした。

矢野は五億円出資して出店することにした。

やがて、大創産業と邱永漢グループの共同出資による、商品価格が一律五〇台湾元の「五〇元ショップ」をオープンさせることが決まった。台湾の平均所得からすると、三〇〇円から四〇〇〇円程度の実感だ。五〇元は日本よりも高価格となるが、販売価格としても購入価格としてもシンプルに計算できる。

場所は、台北(たいぺい)市と桃園市にそれぞれ一店舗ずつ同時オープン。台湾大創の社長には、上(シャン)海八百半(ハイやおはん)の総経理を担当していた山田善右に就任してもらうこととなった。

平成一三年の初夏、矢野が、大原貴光に言った。

「大原くん、台湾の納品を担当してくれないか」

「え、でも、自分はまったく経験ないんですが……」

「これからは海外で展開をすることも可能性としてあるけぇ、そのときの勉強だと思ってやりなさい」

大原は思った。

〈海外出店か。社長は、そんなことを考えておられるのか〉

それから大原は、海外事業部への異動を命じられ、台湾進出の手伝いをすることになった。入社して七年目のことである。

大創台北南西店は前途多難のスタート

台北市の『大創台北南西店』と、桃園市の『台湾大創桃園店』の二店同時オープンを明日にひかえた平成一三年八月二二日、台北店でオープニング記者招待会が開かれた。

通常なら五、六人も来ればいいところに、八九人もの新聞、雑誌、テレビ記者が集まり、押すな押すなの大盛況となった。

台湾大創百貨の会長に就任した邱永漢が、まず挨拶した。

「デフレの時期に繁盛する商売がある。ダイソーはたまたまそのうちのひとつですから、そのサンプルとしてお見せするのです」

つづいて大創産業の矢野が抱負(ほうふ)を語った。

「台湾では優秀なスタッフに恵まれてスタートでき、非常に感謝している。台湾大創が台湾のみなさんに受け入れられることを祈って、謙虚に努力していきたい」

顧客のメインターゲットは二〇代と三〇代の女性。約二〇〇坪(約六六〇平方メートル)の店舗内には、日本から輸入した日用品や食器、文房具、台所用品など一万種類をベースに、毎月数百種類の商品を新たに加えて新鮮味を維持していく。

また、郊外店となる『台湾大創桃園店』は、ショッピングセンター二階の約一〇〇〇坪(約三三〇〇平方メートル)に、ダイソーの台湾総本部とモデル・ショップを設置した。

四ヵ月後の年末までに台北北部で店舗数を五店に増やし、二~三年後をめどに直営とフランチャイズチェーンを合わせて二〇〇店を展開する目標を立てた。

ダイソーオープンのニュースは、テレビや新聞が派手に報道したため、台湾中に知れわたった。翌八月二三日は早朝から店先に行列ができ、開店を三〇分早めるほどの混雑となった。

渡辺は、当時の上司の大原と二人、オープニングセレモニーに出席するため、台湾入りしていた。しかし、急遽(きゅうきょ)、助っ人(すけっと)として店頭に立つほどの盛況ぶりであった。渡辺は、そのまま一週間、滞在を延長して押し寄せた客の対応に追われた。

このとき、現地の経営陣は倉庫での作業を嫌った。

「ワシもやるけぇ、前掛けをして、一緒に倉庫で作業しよう」

矢野がそう呼びかけても、倉庫にこない。

経営上の数字にしか興味がなく、倉庫での作業そのものに興味をもたなかった。

矢野の持論として、一〇〇円ショップの仕事は倉庫での作業がもっとも大切だ。倉庫で社員たちとともに商品の搬入をおこない、それによって商品を覚えていく。

矢野が語る。

「現場が嫌いで、帳簿が好きなだけでは、一〇〇円ショップの経営はできません」

こういう調子であったから、この台湾一号店は、その後なかなかうまくいかなかった。

たしかに大変な数のお客は来た。しかしその多くは、邱永漢のテレビ番組を見て、物珍しさで来た客だ。店の中を見るだけで、何も買わないで帰る客も多かった。

現地法人にはダイソーの人間はいないまま、ヤオハンの山田主導であった。広い事務所に多数のスタッフを抱え、商売というよりは「経営」に関心があるようすだったという。

その後、邱永漢が経営から手を引き、ダイソー直営に移って、店舗の収益は向上した。それでも、当初の赤字が解消されるまでに七年もかかった。

現在は、台湾に六〇店のダイソーが展開している。

台湾出店を手伝った大原には、平成一三年、プライベートでも大きな変化があった。なんと社内に好きな女性ができたのである。

〈ああ、あの娘、可愛いな〉

社内恋愛であった。矢野との縁が、生涯の伴侶へ、そして数年後に生まれてくる子どもへと繋がっていった。

大原によると、矢野の気づかいは、言葉だけではなかった。広島市中区にある圓隆寺の総鎮守「稲荷大明神」のお祭りである広島名物の「とうかさん大祭」が催された六月の夜のことである。

大原は、矢野とともに広島市内に仕事で出かけた。帰り道、祭りの夜店の前を通ったとき、矢野がふいに風船をひとつ、買った。

「これ、子どもに持って帰れ」

夜中なので子どもはすでに寝ているし、朝になれば風船は萎んでしまうかもしれない。しかし、矢野がこうして自分の家族にまで気づかってくれたことがありがたかった。

言葉をかけることは誰でもできる。しかし、矢野のように損得勘定なくパッと行動に出ることは、なかなかできるものではない。大原は、ふいに涙が出そうになった。

〈こんなに人に優しくしてもらったことは、一度もない……〉

大原は、西南戦争で西郷隆盛軍に加わった中津藩士・増田宗太郎の「一日西郷先生に接すれば一日の愛生ず。三日接すれば三日の愛生ず。ゆえに先生の側を去るに忍びず、先生とともにただ死生をともにせんことを誓へり」という言葉を思い出した。

〈おれも、矢野社長に三日接したことで、離れられなくなった。社長から「もうおまえはいらない」と言われるまで、精一杯がんばろう〉

大原は、妻に言った。

「もしあのとき事故に遭わなかったら、ずっと東京にいた。そうしたら、きみとも出会えなかったし、きっとこんなに充実した人生じゃなかった。おれほど運のいい男はいないよ。社長にはいくら感謝してもし足りないと思っている」

NHKの特集番組の衝撃

ダイソーと矢野は、平成一三年三月三〇日にNHKのBS1でも『一〇〇円の男〜流通の革命児・矢野博丈〜』として特集された。

ナレーション。

「どん底から這いあがり矢野がつくりあげたのは、一〇〇円ショップの巨大チェーン。全国におよそ二〇〇〇店を展開しています。『この会社はいつ潰れるかわからない』が、口癖だった矢野はいまや時の人。不況のなかで爆発的な成長を続ける矢野の元には、今、大手スーパーや百貨店の経営者たち、たくさんの人々が押し寄せています。どうやって成功の秘訣を掴んだのか、本当は何を考えているのか、その実像は謎に包まれています。一〇

○円を武器に流通の革命児となった男の素顔を追いました」

番組では、平成一二年に、東京都の多摩地域南部にあるダイエー町田店のあとに、「ザ・ダイソーギガ町田店」が入居したニュースを紹介する。

ナレーション。

「去年、世の中を驚かせる出来事が起こりました。大手スーパーダイエーの主力店舗が丸ごと一〇〇円ショップになってしまったのです。

一階から五階まで、ビル全体の二〇〇〇坪に並べられた商品は、すべて一〇〇円。およそ六万種類にものぼります。土鍋、子ども服、老眼鏡、そして辞書。これまでの一〇〇円均一商品の常識を覆すものばかり。すぐに飽きられるのでは、という声をよそに、一年近くが経った今でも、一月に一七万人の客が押し寄せ、八五万個もの商品が飛ぶように売れていきます。

このビルの持ち主でもあったダイエーは、撤退後に入ってくれる企業を探しました。しかし、ダイエーでさえだめだった場所に入ろうという百貨店やスーパーはありませんでした。そこにダイソーが乗り込んできたのです」

ダイエーの幹部が語る。

「最近、客単価が落ちてますから、唯一客数を伸ばさないことには、もうどうすることもできないってことですね。あのー、どのテナントさんにも言えるわけですが、とくに独自でね、集客できるテナントといえば、大創産業しかないのかなと。あれだけの商品をそろえてるってことに、やっぱり凄いものがあるなというふうに思います」

ナレーションがダイソー本社を紹介していく。

「山あいの盆地にある、人口一二万人の町、東広島市。町はずれの工業団地にある倉庫を改造した建物、これが一〇〇円ショップ最大手、年商二〇〇〇億円を誇る大創産業の本社です。

一歩足を踏み入れると、いらっしゃいませの嵐。本社事務所は、まるで店舗のように声が飛び交います。

いたるところに、一〇〇円商品の山、山、山。その商品に埋もれるようにして、一〇〇人あまりの社員が働いています。全国およそ二〇〇〇店。一万人近いパート社員がここで管理されています。

社長の矢野の一日は、朝八時半の掃除からはじまります。商品を入れるトレイの整理や、事務所の机の移動など、一日中、社内を動きまわっています。社長室だと案内されたのは、階段のした、ふつうなら、物置に使われるようなスペースに社長の机が置かれていました。しかし、矢野がここに腰を落ち着かせることは、週に一度もありません」

矢野が語る。

「小売業は座っていられんですよね。尻に火が点いていますから」

ナレーションが間に入る。

「矢野は、ちょっと話しはじめると、決まって会社が潰れる話になります」

矢野がつづける。

「いわゆるまあ、船で心地よくおりている、でも本当は先に滝がある。大きな滝つぼがある。そこへ落ちる運命にあるわけですね、企業っていうのは。そのスーッて行ってる、ほんの一分先に滝があるかもわからんですよ、一〇分先か、一年先か、まあ、こんなもんでしょう」

ナレーションが矢野の出身地とその生涯について、紹介する。

七〇〇万円の借金を背負って夜逃げした話などの後、ナレーションがつづく。

「口ベタで駆け引きも苦手、そうした矢野がたどり着いたのが、一〇〇円均一でした。当時、一〇〇円均一はスーパーなどの軒先を借りながら転々と移動する商売、石油ショックで同業者が廃業していく中、矢野はその日食べていければいいと、この商売にしがみついていました。そんな矢野の耳に客の一言が突き刺さりました。

『安もの買いの銭失い』

プライドを失いかけていた矢野が、この言葉に本気で腹を立てました」

矢野が語る。

「元気がよかったら、行っておばさん殴ってやろうと思いましたけどね。売る方にしても買う方にしても、『安もの買いの銭失い』って一番嫌な言葉ですよね。それがある日こう、ずっしり来て、一〇〇円でもいい物売りたいなと」

ナレーションが続ける。

「翌日から矢野は一〇〇円ギリギリの原価で、商品を仕入れはじめました。すると、客が群がりはじめました。矢野は次々と勝利の方程式を身につけていきました。そのひとつが選ぶ楽しさで売ること。ダイソーに並ぶバケツは六五種類を超え、はさみは八五種類にものぼります。よりどりみどりで選べる楽しさを提供しているのです。

今も毎日平均二〇種類、月に七〇〇種類もの新製品が売り出されています。今矢野が力を入れているのは、CDです。すでに二八タイトル三五〇万枚を売り上げました。これをさらに一〇〇タイトルに拡大します。CDは入れる曲さえ変えれば、無限に種類をふやせます。一枚買ったとしても、また次に買ってもらえる商品です。際限なき商品開発は、客の飽きとの闘いなのです」

矢野がふりかえる。

「あのそごうでも、ダイエーでもああなっていくんだから。あれだけ凄い人材と、凄い資本と凄いマーケットと凄いものをずらっとそろえてても、お客様に拒否されたらああなっていくんですから。我々専門店というものは、小さな部分をやるわけですから、飽きられるスピードは大変速いですよね」

ナレーションが入る。

「もうひとつ矢野が得た勝利の方程式は、大量発注です。大創産業からメーカーへの発注は、一〇万個一〇〇万個といった膨大な単位でおこなわれます。この数の力によって安く仕入れるのです。世界でも類を見ないと言われる大量発注。それは、導入する企業の側にとっても、大きな魅力です」

ナレーションが語る。

「長引く不況のなか、過剰な設備と人員を抱える企業にとって、多少利幅が薄くても大量の商品を生産できるメリットは大きいのです。矢野はこうした企業の圧倒的な支持をとりつけながら、一〇〇円ショップの拡大をつづけてきました。そんな矢野が素顔を見せる瞬間はあるのか。矢野は週に一度、親しい人々を誘って、酒を飲みます」

矢野が語る。

「こういうときはネクタイをつけないんですよ。そうすると緊張しないから」

ナレーションが語る。

「大手銀行の支店長、地元スーパーの役員、かつて雲のうえだと思っていた人々が今では気の置けない仲間になりました。酒が進むと矢野からはいつものように、会社が潰れる話がはじまります」

矢野が語る。

「一〇〇円ショップっていうものは、うえが決まってるわけですから、ずーっとこういう列島改造論とか、石油ショックとか、インフレとか、そして、運賃、商品、人件費もなく……」

目がクッと変わるとき

ナレーション。

「友人たちによると、矢野には時折見せるもうひとつの顔があるようです」

友人のひとりが語る。

「面白いなと思うのは、自分では、全然わかっていないだろうと思うんだけど、感じてないと思うんだけど、もの凄いいろんなことがね、瞬時に変わりますよね。僕はこの人のね、目がクッと変わったときをね、見たことがある。全然本人、意識していませんよ。仕入れのときですよ。仕入れのときの矢野社長の目はクッと……」

ナレーション。

「矢野の目が変わる仕入れ交渉とは、どんなものなのか。ダイソーには、一日三〇件から四〇件の商談がもち込まれます。社長自らすべての商談に顔を出します。和（なご）やかな矢野の表情が突然変わる瞬間がある。それは、もち込まれた商品に売り手の甘えが見えたときです」

　矢野と取引先とのやりとり。

「ちょっと擦れてしまって」

「だから擦れるということは、熱を発する。熱が起きるわけ。あなた、擦れが有るのと無いのがあったら、無いのを買うよね」

　ナレーション。

「はるばる韓国から見本を運んできたこの業者との商談は、途中で打ち切りとなりました。矢野の指摘は商品の質にとどまりません。相手の商売に取り組む姿勢に及ぶこともしばしばです」

　矢野が、相手に語る。

「つくる側の論理だけでつくっている。昔の量販店の論理、効率よく売ろう、それで売れるということではないよ。うちのためにやりよるんじゃないよ。ええものをつくるというのは、自分のためにつくるんじゃない、そこを勘違いしたらいかん」

　ナレーションが語る。

「その言葉は矢野が自分自身に対して発する言葉のようでした。現在、ダイソーの出店ペースが月に三〇店以上、増えつづける取引先は、二〇〇〇社。すべての相手の顔を覚えています。矢野はいつのころからか、人と会うと、まずその人の顔をじっと見る癖がつきました。矢野はこう言います」

矢野が語る。

「顔には、人間としての年輪がある」

ナレーション。

「この日は川崎市から薬局の経営者が訪ねてきました。一〇〇円ショップに衣替えすることで、生き残りを図ろうというのです。いつものようにしばらく顔を見つめていた矢野は、突然、『直営店を見学していってはどうか』と言いだしました」

「すいません、新幹線の切符ちょっと見せてください」

ナレーション。

「この経営者には、予約した新幹線の出発時刻が迫っていました。矢野は飛行機の切符の手配をはじめました。一見、奇妙に見える行動には、自信の裏づけがあります。判断材料は顔、顔が気に入れば、とことん、矢野はつきあいます。矢野は、人を見る基準は真面目に頑張れるかどうか。この一点で人と接するのです。

先月二五日、ダイソーの社員同士の結婚式がありました。社長として、主賓の席に座りながら、矢野は居心地の悪さを感じています。客としての立場にありながら、結婚式場に迷惑がかかるのが気になって、ついついゴミを拾ってしまう矢野。いつのまにかなってしまった大企業の経営者。矢野は社員の一生を背負う責任を痛感するようになりました」

このダイソーの社員同士の結婚式というのは、大原貴光夫婦の結婚式である。

矢野が語る。

「こういう結婚式をして、お子さんができて、お孫さんができて、そのとき願わくば、大創産業というものが生きとれば、子どもさんやお孫さんに威張(いば)れる、そのことを願うのみですね」

ナレーションが入る。

「現在、大創産業が抱える在庫の額は三〇〇億円。まわりつづける歯車が止まった瞬間に会社は破綻(はたん)します。不況のあだ花と揶揄(やゆ)されながら、ダイソーはあえて、危ない橋を渡りつづけています。誰でもやれる一〇〇円ショップ。しかし誰もなしえなかった、一〇〇円ショップの巨大チェーン。矢野の顔には誰も踏み込んだことのない世界を走る充実感が見えました」

矢野が語る。

「たとえば、一生自分は病気にならんって思ってる人が、暴飲暴食したり、無茶したりしますよね。でも、やはり、どっか弱点がある人は気をつけますよね。将来の心配を今からして、潰れるかなって。ある意味では幸せですよね」

ナレーションが語る。

「一〇〇円の男、矢野博丈。もう潰れるんじゃないか、今日もそうつぶやきながら、矢野は商品のあいだを駆けまわっているのです」

シンガポールに進出、「一ドルショップ」で大成功

ダイソーは、平成一三年九月に、台湾に続き韓国に本格出店した。現在、一三四三店舗もある。

平成一四年（二〇〇二年）三月には、シンガポールに出店した。

東南アジアへの進出のきっかけは、シンガポールの隣国インドネシアにあるマタハリ社との縁だった。

インドネシアの主要都市や各地で百貨店を経営するマタハリ社の当時の社長と矢野は仲がよかった。

その縁で、シンガポールにあるアウトレットモールＩＭＭに出店しないか、という話がもちあがった。

かつてＩＭＭには、イズミやヤオハンが出資していたこともあり、日本企業と関係があった。

矢野は、マタハリ社の要請を受けて、ＩＭＭに視察に行った。

三階建ての大きな建物であったが、二階や三階には客があまりいなかった。

結局、ダイソーは、ＩＭＭの三階に出店することにした。

出店するにあたって、マタハリの社長に頼まれた。

「うちの子どもを、社長にしてくれないか」

社長の子どもは、クリスチャンで好人物であった。矢野は了承した。

「いいですよ」

だが、話を詰めていくと、聞いていた話とはちがった。

資本金は一〇〇〇万円の予定だったが、出資金として、二億円か三億円出してほしいということだった。

矢野は断ることにした。

「それなら話にならない。うちは降りますよ」

マタハリ社にそう伝えた。

すると、入る予定だったショッピングセンターのＩＭＭがダイソーの撤退に激怒し、「ダイソーを訴える」という話が矢野の耳に入ってきた。

矢野はその話を聞き、決断した。

「そういうことなら、出してあげればいいんじゃないか」

訴えられても別に構わなかった。だが、それならば、ということで出店することにしたのだった。

こうして、平成一四年三月、シンガポールＩＭＭ店が営業を開始した。売り場の広さが八五〇坪もある大型店だった。

この店が、当たった。いざオープンすると、連日お客で溢れ商品はバカ売れだった。

のちに聞いてみると、ダイソーが出店するからということで、ＩＭＭ側はいくつかの有力なテナントの新規誘致に成功していた。

ダイソーが撤退するという話になったときの裁判沙汰も、「ダイソーを訴える」という話ではなく、「他のテナントからＩＭＭ側が訴えられる」という話だった。

他のテナントとの相乗効果もあり、シンガポールＩＭＭ店は飛ぶように商品が売れた。

シンガポールでは、商品の単価は二ドル。日本円にして、約一六一円である。

「二ドルショップ」として親しまれている。

元々、現地には、「一九九ショップ」が四〇店舗ほどあったが、ダイソーの進出により、一年半あまりで潰れた。

シンガポールでは「二ドル」という価格はそれほど安くはない。だが、飛ぶように売れた。

一日の売上が八五〇万円ほどあった。

ＩＭＭ店の好調は、矢野は、やはり現地のスタッフたちの頑張りだと指摘する。

シンガポールＩＭＭ店が成功したのは、日本から派遣された富岡淳と大原貴光の頑張りが大きい、いやすべてだと、矢野は言う。

また、ふたりと現地の幹部のスタッフのコミュニケーションがとてもうまく図れたことも大きい。

それに加えて、シンガポールの公企業のキャピタランドとも親交を結んだのが成功理由のひとつだ。

キャピタランドは、中核事業として不動産開発、不動産金融サービス、ホテル運営をおこなっている。また、数社の上場企業をグループ企業として保有しており、代表的な企業は、不動産投資信託のキャピタモール・トラスト、キャピタコマーシャル・トラスト、アスコット・レジデンス・トラスト、キャピタリテール・チャイナ・トラスト、オーストラランドなどである。

矢野は、振り返って思う。

〈今考えると、あのときIMMから「訴える」と言われなかったら、出店しなかっただろうな。やむをえず出店したら、成功したんだから、結果オーライといったところだろう〉

台湾での売上の伸び悩みは、はじめての海外進出でようすがわからなかったため、邱永漢にすべてを委託していたせいである。そのため管理側と現場側に大きな乖離があり、それが売上減の原因となった。その反省から、シンガポールでは売り場に対しても、これまでお客様目線で培ってきた日本のダイソーのノウハウを活かすことになった。

シンガポールでは、現在一九店舗がある。

シンガポールの成功を機に、各国の企業から「うちもダイソーをオープンさせたい」という問い合わせが殺到。アジア、アメリカ、中南米、中東まで次々と店舗を拡大していった。

なお、ダイソーは、平成一四年度の「財界経営者賞」を受賞した。

渡辺有和にとって、平成一五年（二〇〇三年）六月にタイに初進出したときのことも印象的だった。

発端は、福田千城という、大学を卒業してすぐタイに渡り、現地でレストランチェーンを経営している人物が連絡してきたことからだ。

「バンコクで一〇〇円ショップをやりたい」

渡辺と矢野とで面会することにした。

バンコク中心街のサイアムスクエアという区画に、一号店を出店した。

しかし、開店当初はあまり売上も伸びなかった。

六〇バーツ、日本円で一三〇円程度の値付けだった。反応はよかった。日本産の人気は高く、客足も伸びたが、売上に結びつくのには時間がかかったのだ。

タイは民需も盛んで、消耗品などは現地のものの方が安い。そこで商品数を絞って、狭い店で展開するようにしたら、業績も上向いてきた。

現在は、一二七店舗を超えている。

カナダ店は二カナダドルで成功

海外展開を当初から手伝ってきた大原貴光は、やがて常務海外事業部長に就任。海外事業の責任者となった。

その大原が、特に印象に残っている国は、カナダと、中国であった。

カナダのバンクーバー店は直営店ではなく、中国への香港返還と同時にカナダに移住した香港の銀行家がフランチャイズで出店することになった。

場所は、中国系移民が密集しているリッチモンドにある大型ショッピングモール「アバディーン・センター」の一、二階の二フロア七〇〇坪（約二三〇〇平方メートル）である。

ショッピングモール自体が新設されたばかりで、他の店舗がほとんど入っていないスカスカの状態であった。

価格は二カナダドルで、日本より二～三割高い。大原は、オープン前日に矢野とともに、一ドル均一の地元の店を視察した。すると店のつくりは悪く、チープな商品ばかりが並んでいることがわかった。

「しかし、われわれの商品は、値段が倍だからな……」

二ドルでは高すぎるのではないか。そんな不安が胸をよぎった。

平成一五年一二月、オープン当日を迎えた。大原の不安は、一瞬で吹き飛んだ。どこから人が湧いて出るのかと思うほど、開店前からすさまじい数の客が集まっていた。

大原は、現地の担当者に話をした。

「社長が来られたとき、商品がカラッポの店舗はお見せできない。四〇フィートコンテナの半分くらいの量の商品は、取り置いてください」

現地の担当者も、まさかこれほど客が来るとは思っていなかったようである。何週間かはもつだろうと踏んでいた四〇フィートコンテナ三本分の商品が、わずか一週間で無くなってしまった。大原たちは、毎日夜中の三時くらいまでかけて、せっせと品出しをしなければならなかった。

大原は海外に出て、はじめて実感した。

〈やはり、単に安いから売れるわけではない。品質のよい商品をそろえて、お客さんに喜ばれるお店づくりをすれば、海外でも受け容れてもらえるんだ〉

日本では「一〇〇円」という価格の値ごろ感もあって圧倒的な強さがあった。しかし、二ドルという価格でも、納得してもらえたのである。

カナダには、現在もこの一店舗のみである。

ドバイは二〇〇円ショップで大成功

あるとき、会社に電話があった。中東のドバイで仕事をしている長岡からであった。

「ぜひ中東で出店したい。明日行くから」

渡辺有和は、それまでの経験から「話を急ぐクライアント」にあまりいい印象を持っていなかった。しかし、矢野に報告したところ、「まあ、会ってみよう」ということになった。

来訪した長岡は、髭（ひげ）をたくわえたいかにも怪しい風体（ふうてい）だったという。これはあとでわかったことだが、アラブ圏では髭を生やしていない男性は「同性愛者」と見られることが多いのだそうだ。長岡も、現地の事情に合わせていたにすぎない。

長岡は計画を語った。

「現地に、宝石などの売買を手広くやっている『ＤＡＭＡＳ』という会社がある。ここと組んでやりたい」

その会社の名前を聞いたとき、渡辺らはみんな思った。

〈ＤＡＭＡＳ（ダマス）か。やっぱり『騙（だま）す』のかな……〉

矢野は言った。

「とにかく、一度自分の目で見てこい」

渡辺は、UAE（アラブ首長国連邦）の地を踏んだ。

件のDAMASは、空港にも店舗が入っているようなしっかりした企業だった。

しかし、そこは資金を提供するだけで、実際の運営は「LALS（ラルズ）グループ」という会社と組んでやるのだという。このLALSはインド系の会社で、地元ではショッピングセンターの経営などを手掛けている会社だった。

ダイソーが資金を出すのではないから、多少は気が楽だった。

平成一六年（二〇〇四年）三月に出店したUAE一号店は、三〇〇坪ほど。かなりの大型店だ。

当時ダイソーは、たとえ海外出店であろうと、日本と同じ品揃えで臨む、というのが基本姿勢だった。そのため、ドバイに「漢字練習帳」のようなものまでもち込んだ。

問題になったのは、宗教的タブーだ。イスラム教は、神を造形してはいけない。仏教の仏像やキリスト教のマリア像のようなものは、教義に反する罪なのだ。その影響で、一般に人間の写真や肖像も忌避する傾向がある。さらに女性の肌の露出もNGだ。

ダイソーの商品に、関節を支えるサポーターがあったが、パッケージに女性が素足にサポーターを装着している画像があった。これがまずNGだった。

また、食品でも問題があった。イスラム教は原則禁酒なので、日本ならお菓子にでも使われている「味醂」が、アルコール原料なので使えないのだ。

じつに様々な問題をはらみつつ、ドバイ一号店は船出する。商品価格は一律六ディルハム。日本円にして約二〇〇円ほどだ。

店はあたった。

現地で雇用した日本人女性三人が、常駐スタッフとして働いた。ダイソー本社からはスタッフの派遣はなかったが、インド人経営者が非常に優れていた。なにより数字に強かった。

また、上意下達がスムーズで、これは伝統的な身分制度の影響かもしれない。その反面、現場の意見が上に届かないという弊害もあったという。

じつは「ＬＡＬＳ」グループの社長のJayant Ganwaniが親日家で、親戚が日本に住んでいた。そのせいもあって、ドバイでの営業は実に順調だった。ＵＡＥだけで四五店舗が営業している。

平成一六年七月には、中東のクウェートへも出店した。現在、クウェートには、七店舗もある。

さらに同年一二月には、カタールへも出店した。現在、カタールには、七店舗ある。

同年一二月にインドネシアに出店。現在は一九店舗ある。

平成一七年（二〇〇五年）一二月にはオマーンへも出店した。現在、オマーンには三店舗ある。

同年八月、マカオへ出店。地元の不動産業の社長が地の利を生かして、現在一五店舗を経営している。

同年一〇月には、アメリカのシアトルへ出店。

同年一二月には、ニューカレドニアに出店した。市長夫人が趣味で経営するようなかたちで出店したが、今はもう店がない。

ニュージーランドで異例の出店、大成功

平成一八年（二〇〇六年）三月に出店したニュージーランドでの店舗展開は、ちょっと特殊だった。企業ではなく、個人がやりたいと言ってきたのだ。その人物、藤野俊廣は北海道に土地をもっていたのだが、その私財を売り払ってでもニュージーランドで一〇〇円ショップを経営したいと言ってきた。

熱意は感じたが、しかし危険でもあった。旅行代理店に勤めていて、土地勘はあったのだろう。しかし、小売業はまったくの素人（しろうと）だった。

渡辺有和は、この案件は、何度も断った。

「絶対うまくいかないから、やめた方がいい」

矢野からも口を酸っぱくして言われていたことだが、断る方が親切だという場合もある。

矢野は、渡辺らスタッフに言ってきた。

「自分の親兄弟が出店したいと言ってきたらどうする？　そういう態度でフランチャイズ希望者に接しろ。うまくいきそうになければ、はっきり言ってやれ」

しかし藤野は諦めず、ついには「ダイソーの名前を使わない」という念書を書いてまで、食い下がった。

これにはダイソー側も折れるしかなかった。商品はダイソーの商品を入れて、名前は藤野の考えた店舗名で、ニュージーランド初の一〇〇円ショップは開店した。

ところが、これが大当たりした。三日目には売れるものがない、という状況にまでなった。

それから船便で仕入れると、一ヵ月はかかる。それでは間に合わない。

藤野からの要請を受けて、渡辺は社長に相談した。矢野は即座に「飛行機で送れ」と指示を出した。

船便と空輸とでは、輸送量が一〇倍はちがうだろうか。しかし、ダイソーは藤野に賭けた。

その決断が功を奏したのか、今、ニュージーランドの一〇〇円ショップは大いににぎわっている。オープンから数年経ち、正規にダイソーの名を名乗ることも決まり、それを機にさらに売上が伸びた。

現在、ニュージーランドには二店舗がある。

その後、藤野は、現地で結婚して子どもをもうけ、公私ともに多忙な日々を送っている。そして年に一回、日本に帰って来るたびに、東広島のダイソー本社を訪れることを忘れないという。

平成一八年一二月、アメリカのサンフランシスコへ出店した。

平成一九年（二〇〇七年）一一月、東ヨーロッパのルーマニアへ出店した（現在は閉店している）。

この年一二月、アフリカのモーリシャスに出店した（現在は閉店している）。

のち平成二〇年（二〇〇八年）三月にはサウジアラビアへも出店。現在九店舗ある。

この年五月、ベトナムへ出店した。現在二五店舗ある。

つづいて六月にはマレーシアへ出店した。現在七〇店舗ある。

この年一二月にはレバノンにも出店（現在は閉店している）。

平成二一年（二〇〇九年）一月にはヨルダンへ出店（現在は閉店している）。

現在は、中東全域で七八もの店舗が営業中である。

現地とダイソー本社の間に入って奔走してくれた長岡は、残念なことにその後亡くなり、今のＵＡＥダイソーの盛業ぶりを知らない。

渡辺有和の海外展開は、平成二一年四月に出店したフィリピンでの仕事が最後になった。フィリピンでは、現在八五店舗を運営している。

三菱商事から「ダイソーと組んで事業展開したい」という申し出があり、フィリピンの華僑系財閥を紹介された。

ここでは当初、「ダイソー」という商標が使えなかった。なんと、偽ものの「ダイソー」がすでに現地で開業していたのだ。香港資本で、本家と同じ一〇〇円ショップを展開している。もちろん裁判にもち込んだが、なんと本家であるダイソー側が敗訴してしまったのだ。

しかし、そこは人の繋がりがモノをいう国柄なので、ダイソー側の華僑系の財閥と裁判所のトップが「話」をして判決がひっくり返った。それまでに三年もかかった。そのあいだは、ちがう名前で営業していたのだ。

現在は、華僑系の財閥の力もあって順調に拡大している。

第六章　入社二年目のバイヤー

高等専門学校デザイン科卒の女子新入社員

取材当時、ダイソーのバイヤーとして活躍していた木村仁美は、平成元年（一九八九年）に北海道札幌市で生まれた。

もともと絵を描くことが好きで、札幌市立高等専門学校インダストリアル・デザイン専攻に進学。視覚デザインについて学んでいた。

就職活動の時期がはじまり、平成二〇年（二〇〇八年）一月、札幌ドームでおこなわれた合同就職説明会へ。合同就職説明会では、企業ごとにブースが設けられ、それぞれの会社の概要や求人内容を教えてもらえる。木村が参加した合同就職説明会には、当時札幌に本社を置くニトリほか、多数の企業がブースを出展していた。

木村は、会場で、ダイソーのブースを見つけた。彼女は、ふだんからダイソーを利用していた。たとえば、マニキュアやお菓子、ファイルなどをよく購入していたのだ。ダイソーなら、一〇〇円で必要なものが手に入る。学生だった木村にとって、ダイソーは、使い勝手のいい店だった。同社のブースを訪ねてみた。

ブースには、ダイソーのリクルーターが一名ほどいた。学生は三〇人ほど集まっていた。木村は、その学生たちと一緒に、椅子に座り、ダイソーの説明を聞いた。

ダイソーのリクルーターは、ひととおりの説明をおこなうと、言った。

「詳しい説明は、別の会場でおこなうから、興味のある人は出席してください」

木村は、さっそくダイソーの次の説明会場である札幌駅前の会場に向かった。

その説明会では、ダイソーは、一〇〇〇円ショップを日本国内で三〇〇〇店舗も展開し、海外にも出店しているという説明もあった。

〈海外へ出張などで出かける機会があるのではないか〉

そういう思いが彼女の頭をよぎった。

さらに、矢野博丈が同社を創業し、移動販売時代、ベニヤ板に商品を並べていたというエピソードを聞き、木村は矢野の凄さに感銘を受けた。

NHKが制作した『一〇〇円の男～流通の革命児・矢野博丈～』という矢野の活躍する番組も見せられた。矢野が仕入れをおこなう厳しい姿から、大原貴光の若き日の結婚式のようすまで映っていた。結婚式で社員が花びらや紙ふぶきを撒いたあと、矢野が「汚してしまい、すいません」と謝りながら、散らした紙切れを拾い集めるシーンがあった。

当時学生だった木村にとって、社長とはいつも上から目線で、ドンと構えているというイメージがあった。しかし、映像に出てきた、紙を拾い集める矢野はその想像と大きくちがっているではないか。木村は思った。

〈この社長に、会ってみたいな〉

この説明会では、グループ面接が実施された。五人同時の面接だ。リクルーターから、新規にデザイン室を立ち上げるという話があった。木村は、心をはずませた。

〈そのデザイン室に、ぜひ携わりたい〉

そのとき木村といっしょに面接を受けたメンバーは、誰も最終選考までは残っていなかった。木村とおなじ札幌出身の同期としては、取材当時、出産休暇中の山本怜奈がいる。しかし、山本とは、その面接では出会わなかった。

木村の就職希望先は、最初からダイソー一本だったわけではない。学生時代は、自分がデザインしたものを世に送り出すことが夢だった。子ども時代から、絵を描くことが得意で、その特技を活かしたいと考えていた。さらに、ふだん自分が身につけているものや、利用しているもののデザインができたらよいなと考え、ダイソーのほかに、セブン‐イレブンと、デザイン会社などを受験した。

ただ、それらの企業に比べて、ダイソーのスピード感は凄まじかった。

ダイソーのその説明会のあと、すぐに二次面接の誘いが来たのである。説明会が実施されたのが、平成二〇年の一月。一次面接のあと、一週間ほどして二次面接がおこなわれた。ダイソーの人事部は熱心で、そのあとすぐに電話をしてきて次の面接に足を運ぶよう勧誘した。

トントン拍子に話が進んでいった。二次面接は、札幌市内のカフェが会場だった。面接官ふたりに好きなケーキを食べてよいと指示された。受験者は木村ひとり。面接官は、取材当時ダイソーの開発営業部に在籍していた長谷川寛と、すでに退職したスタッフ。長谷川は、このとき入社三年目くらいだろうか、若手のホープだった。

面接官から、打診された。

「本社のある広島に、面接に来られますか」

木村にとって、広島は大都会のイメージだった。木村は、北海道で生まれ育ったということもあり、本州の町に憧れ（あこが）れがあったのだ。

彼女にためらいはなかった。

「行きます。何も問題はないです」

面接官に、問われた。

「ウチの社で、具体的にどのようなことをしたいですか」

木村は、面接に備えてダイソーの店舗を見てまわっていたので、ダイソーのレイアウト

「たとえば、ファイルコーナーの横にノートを置いてほしい。そのノートの横には、ペンとはさみコーナーを設けてもらいたい。しかし、ダイソー札幌中央店は、それらのものがバラバラに配置されていて、欲しいものが見つけられません。そうしたレイアウト面も工夫してみたい。はさみと一口に言っても、大きなものから小さなものまで色々なタイプのものがある。どうちがうのかを、わかりやすくしたい」

彼女は、より具体的に提案した。

「一〇枚入りと一五枚入りのチャックつきの袋が販売されていたので買ってみたのだが、大きさも厚みもおなじで、それぞれがどうちがうのかわからなかった。自分だったら、一〇枚入りのチャックつき袋には、何かデザインを入れたり、厚みを持たせて強度をあげたり、いろいろと工夫して売りたい」

それから、ほかに受けている企業についてなどの質問をされた。

木村は、面接官に言った。

「通っている専門学校でつくったデザインのポートフォリオがあります」

面接官が言った。

「次の面接に来るときは、これまでに手がけたポートフォリオを持参するように」

最終面接は、ダイソー本社のある広島でおこなわれた。木村は、飛行機で広島の三原(みはら)市にある広島空港に降りた。はじめての広島訪問だ。

空港から本社に向かう途中にある東広島市西条大坪(おおつぼ)町にある「食彩四季ちろりんＴＯＷＮ」で食べたお好み焼が、最高においしかった。

東広島市西条吉行東一丁目にあるダイソー本社でおこなわれた最終選考には、北海道だけでなく、全国から人が集まっていた。

会場には長机が設置され、椅子が六つ並べられていた。

全員で三〇人くらいの受験者がいた。受験生は六人ずつ並んで、椅子に座った。木村はそのとき高専の学生で、まだ一八歳だ。ほかの大学生の受験者より年齢がふたつほど若い。年少だから未熟に思われたりしないだろうかと思っていた。

いっしょに面接を受けた者たちは、木村以外は男性だったような気がする。

面接室に入ると、矢野と、女性の専務とリクルーターと小川金也常務取締役がいた。

「絶対に奇跡が起こるよ」

矢野は、木村が事前に提出したポートフォリオに眼を通していた。以前、説明会で見た「一〇〇円の男」の映像と、イメージは変わらない。しかし、凄い威厳と、少し怖そうなオーラを感じた。

「一〇〇円の男」で見たときの矢野のしゃべり言葉は理解できたが、面接で矢野から質問される広島弁が何を言っているのかまったくわからなかった。

〈どうしよう⁉〉

木村はうろたえた。

緊張していたということもあるだろう。しかし、何を問われているのかまったくわからなかった。かといって、恐れ多くも社長に聞き返すこともできない。

木村はとりあえず、勢いよく答えた。

「はい、やります！」

周囲の学生は、ダイソーに入社したらやりたいことや学生時代の活躍などについて熱心にＰＲしていた。木村ももちろん事前にアピール内容を考えてきていたが、矢野の手元で開かれている自分のポートフォリオが、カラーのページだということに気がついた。

そこで、商品の色やパッケージを統一するプランなど、デザイン室に入ってから実施したいことを具体的に説明した。

面接が終わってから、木村たちは食事に連れて行ってもらった。なんと、木村の席の真正面に矢野が座ったではないか。彼女は、矢野と会話をする機会に恵まれた。

矢野が、広島弁で聞いてきた。

「あんた、今、アルバイトは、何しよるん？」

当時、木村は、平日は高級寿司屋で働き、土日は近所のセブン－イレブンでアルバイトをしていた。

高級寿司屋は、芸能人や政治家が利用するような店で、言葉づかいや振る舞いをずいぶん教えてもらった。また、セブン－イレブンでは、発注業務と接客、それから揚げものなどのホットスナックやクリスマス時期のケーキ販売などを担当していた。

「あんた、何で、そんなにアルバイトしよるんかいの？」

矢野に問われ、木村は自分の目標を話した。

この年の夏に北京オリンピックが控えていた。そのころ、木村は、卒業制作に取り組んでいたが、テーマを「二〇一六年の東京オリンピック」にするほど、オリンピックに惹かれていた。北京オリンピックを現地で見ることを目標にアルバイトを頑張っていたのだ。

木村は、自分自身、水泳をしていたこともあり、北島康介選手の大ファンだった。何としても自らの目で、北京オリンピックでの北島選手の活躍を確認したかった。かといって、親に飛行機代を出してほしいとねだるわけにはいかない。

「自分でチケット買って、北京オリンピックを見に行きたいんです」

木村がそう話をすると、矢野は感心した顔で言った。

「学生なんか、親のスネをかじりよるけんね。お金なんてみんな出してもらうけんね。でも、自分のお金で、一所懸命働いて貯めたお金で行くっていうのは、凄く価値がある。絶対に奇跡が起こるよ」

木村は、大学に行っていないこと、ほかの受験生より年が若いことにコンプレックスを抱いていたが、この矢野の言葉で救われた。このような目で社長が見てくれているのだということがうれしかった。心に強く残った。

木村は、結局、北京オリンピックに行くことができ、矢野の言うとおり、いくつかの奇跡が起こったのである。

オリンピックのチケットは、抽選に応募し、当選しなければ手に入らない。なんとも難しい。しかし、北島選手の出場する予選と準決勝と決勝全部を見られるチケットが一枠だけ取れたのである。

チケット一枚は、三〇万円くらいする。無事、北島選手の活躍を観戦できることになった。北京オリンピックの旅費は、航空券やホテル代、チケット代すべてをふくめると六〇万円くらいになった。この額は、木村がアルバイトで貯めた額とだいたいおなじだった。奇跡的だと、木村は思っていた。

さらに、ミラクルはつづく。

はじめてのひとりきりの海外旅行ということもあって、木村は心細さを感じていた。飛行機内で隣に座っていた夫婦が日本人のようなので、話しかけてみた。

「おふたりとも、北京オリンピックに行かれるんですか。わたしもです。北島選手の大ファンなんです」

　すると、夫婦の男性が言うではないか。

「わたしは、康介の父です」

　北島の両親は、一八歳の女性が息子の応援に来てくれるなんてうれしいと感激してくれた。今でも、木村が東京・西日暮里（にしにっぽり）にある北島の両親が経営する精肉店「肉のきたじま」にメンチカツサンドを買うため足を運ぶと、「仁美ちゃん、来てくれたの。ありがとう」と喜んでくれる。

　奇跡は、北京オリンピックの会場でもつづいた。なんと、決勝戦の観戦席の隣人が北島選手の弟だったのだ。

　実際に生で観戦した試合では、北島選手は世界新記録を出して、金メダルを獲得。

　木村は、感動のあまり号泣（ごうきゅう）した。

　それまで考えていた卒業制作であるが、東京オリンピックが平成二八年（二〇一六年）に開催されることになったら、和紙や桜をモチーフにしたロゴマークをつくりたいなどとアイデアが広がっていった。卒業制作の作品テーマを「二〇一六年東京オリンピック　観戦者の視点によるオリンピック提案」に変更した。

　木村は帰国後、ふと、矢野の言葉がよみがえった。

「一所懸命働いて貯めたお金で行くっていうのは、凄く価値がある。絶対に奇跡が起こるよ」

北京オリンピックに行くまでに、お金を貯める苦労はたしかにあった。けれど、それ以上の感動が得られたと思った。

〈矢野社長のおっしゃったことは、本当だった〉

この社長になら、ついていけると感じた。

突然社長からの密命が

木村は、就職活動で、ダイソー以外にもセブン-イレブンや北海道のコンビニ、デザイン会社、合計四社の内定を獲得する。しかし、矢野の言葉が決め手となって、ダイソーへの入社を決意する。北京五輪の翌年平成二一年（二〇〇九年）四月、彼女はダイソーに就職した。

勤めはじめてすぐは、倉庫で作業をした。その際も、彼女はただ言われた通りの仕事をするのではなく、たとえばパッケージの文字がまちがっているだとか、ダイソーの店舗に出向いた際に気がついたディスプレイの仕方についてだとかを、毎日上司に報告した。

しかも、文章で報告するのではなく、パソコンのイラスト作成ソフトを使い、写真画像やイラストを多用し、ビジュアルでわかりやすく表現した。

新入社員が直接社長と対話する機会など、基本的にはないのだが、木村は、社内で矢野を見つけると、積極的に声をかけた。

「社長、見てください」

木村は、入社半年後には、九州に転勤。新規出店の立ちあげ作業や閉店する店舗やリニューアルする店に関する業務などに携わった。

その後、入社一年目ながら、リクルーターのメンバーに抜擢(ばってき)され、学生向け就職説明会で仕事内容の紹介などをおこなった。

「一年目で、本当にいろいろなことを経験できました。ダイソーのお店に出て接客することも、とても楽しいんです」

入社一年目の木村仁美は、その後、九州の佐賀県・鳥栖蔵上(とすくらのうえ)店に配属された。実際に接客をしてみると、客がどのようなことに違和感をもっているのか、何に疑問をもっているのかがよくわかった。

さらに、売上を伸ばすために、レジの横にチョコレートを置き、買い物客に勧めるようにした。

社内で、プラスアルファの買いものをしていただくというキャンペーンを実施したとき、鳥栖蔵上店はビリだった。それが、悔(くや)しくてならなかった。木村は、レジ横のチョコレートを買ってもらうため、客に対して積極的に声をかけた。

「このチョコ、凄くおいしいですよ」

木村の努力が実を結び、九州全域で鳥栖蔵上店の売上は二位を獲得。木村はやりがいと達成感を味わった。

その年平成二一年の一二月のある日、プライベートで使用している携帯電話が鳴った。知らない番号からだ。不安を感じながら、電話を受けた。相手は「ワシじゃあ」と言う。

木村は、一瞬思った。

〈オレオレ詐欺ならぬ、ワシワシ詐欺かしら〉

ところが、なんと電話の主は、矢野だった。

「広島に戻れるか」

木村は即答した。

「はい、わかりました。戻ります」

矢野は「みんなには、絶対に言わんといてよ」と前置きをして、つづけた。

「広島に戻る前に、いったん北海道へ帰りんさい」

木村は、一ヵ月ほど、実家から北海道事業所に勤めることになった。北海道へ出張という扱いになったので、飛行機代の約七万円も会社が負担してくれた。ちょうど、年末年始。木村は、ふるさとへ帰るために、矢野が気を利かせてくれたのだと感謝している。

一ヵ月後広島に戻ってからの木村は、主に矢野とともに行動することになった。いっしょに新潟出張に出かけたり、新入社員なりに考えたアイデアを矢野に伝えたりした。

さらに、木村にとって、自分でも信じられないことが起こった。二〇歳にして、バイヤーに抜擢されたのだ。通常なら、店長やマネージャーの経験を経て、入社一〇年目くらいの人間が選ばれるバイヤー職である。バイヤー職は、当時、ダイソー社内には一二、三人しかいなかった。バイヤーは年長者ばかり。二〇歳の自分がバイヤー職になれたということがうれしくてならなかった。矢野に引きあげてもらったことに感謝しても感謝しきれなかった。

同期の中には、バイヤーのアシスタントをしている者もいた。そうした者を差し置いて、木村はバイヤーに登用されたのだ。

男性社員は、給料のために働く。

しかし、女性社員は、喜んで楽しく働く。そこが全然ちがう。能動態と受動態の差だと矢野は指摘する。

ダイソーは、女性のパート従業員によって支えられている。パート従業員で見ると、九割五分は女性だ。

本社勤務の従業員も、男女比は、三対七で女性の方が多い。

矢野は言う。

「お客さんの多くは女性なんだから、仕入れも女性がやった方がよい。彼女たちの方がアイデアも豊富だ」

入社二年目のバイヤー

木村仁美は、入社二年目の平成二二年（二〇一〇年）の四月から、バイヤーとしての仕事がスタートした。いきなり、中国・広州市で実施された貿易展示会・広州交易会への出張が入った。

矢野からは、毎年一〇月三一日におこなわれる仮装やコスプレを楽しむハロウィングッズを担当しろという指令が来ていた。当時、ダイソーにおいて、ハロウィンの関連商品の売上はまだ一億円程度に過ぎなかった。

木村は、事前にインターネットを使い、ハロウィン関係で、どのような商品が売れているのかを調べ、頭に入れた。

〈ほかの店の売れ筋商品が七〇〇円ほどで販売されているのなら、その品と同じようなものが一〇〇円で販売できれば、まちがいなく売れるはず〉

展示会では、同行した通訳を介して価格交渉をしていった。他店では七〇〇円ほどで販売されている売れ筋商品のジャック・オー・ランタンに眼をつけた。この品は、ガラスのポットのようなもので、中にキャンドルを入れて光を灯したり、お菓子を入れて誰かにプレゼントをしたりして使うものだ。

木村は、その商品に対して値引きを掛け合い、一〇〇円で販売できることになった。

ダイソーのバイヤーたちは、それから北京での展示会に全員で出張し、朝から夕方まで商品を見てまわった。そして、夜は報告会だ。木村は仕入れを考えているハロウィン用のジャック・オー・ランタンについて、東京の他の店との比較について熱っぽく話した。

当時の女性専務はとにかく厳しい人だったが、「木村は、すごくまわりのお店を見ているんだね」と認めてくれた。木村はその言葉で、やる気が出た。

ジャック・オー・ランタンは、一万五〇〇〇個くらい仕入れて、すべて売り切れた。現在も仕入れつづけている、ロングセラーヒット商品となった。

当時ダイソーには、ハロウィン用カチューシャは五種類ほどしかなかった。木村は、一五種類はつくりたいと提案した。

しかし、矢野には認められなかった。ダイソーでは、大量仕入れで価格を安くしている。矢野に怒られた。

「同じ用途で種類のちがうものを、それぞれ大量に仕入れるなんて、ありえん！」

木村はさすがにショックで泣いた。見つからないように、倉庫で泣いた。

翌日は、朝から倉庫に荷物の搬入作業があった。中国から届いたものを、社長はじめ部署も役職も関係なく、社員一同で運び入れるのだ。その作業中に、矢野が木村にそっと謝ってくれた。

「昨日は、すまんかったのォ」

木村は、社長に謝罪させてしまったということに、申し訳なさを感じた。

木村は、諦めなかった。どうすれば多種類のハロウィン用カチューシャを仕入れることができるか、矢野に理解してもらえるのか、策を練ることにした。

ハロウィン関連商品売上一億円から一四億円に

ダイソー以外の店では、多様なハロウィン用カチューシャが並んでいる。それを写真に撮って、矢野に見せたい。しかし、実際に他の店の店頭に並んでいるものを撮影するわけにはいかない。そこで、他店でそれらのカチューシャを購入し、矢野に説明する材料とすることにした。

木村は、それらの商品を矢野に直接見せながら説得にかかった。

「□□という店では、これらの商品が△△円で販売されています。これを、ウチでは一〇〇円で売りましょう」

また、同じカチューシャにしても、飾りつけの素材の種類を増やしたりしてバリエーシヨンを増やすことができた。ひとつのものを何通りにも変化させるようなアイデアを矢野の前で披露(ひろう)した。

矢野のゴーサインが出て、その前年まで、ダイソーでは五種類だったハロウィン仕様のカチューシャのラインナップを、一五種類まで増やすことができた。

カチューシャを売り出すと、大ヒット。例年のハロウィンの二〇〇パーセントくらいの売上となった。

なお、木村がハロウィン関連商品の担当をはじめてからは、一億円程度から一四億円くらいまで売上を伸ばした。

バイヤーになって一ヵ月後の五月には矢野からパーティーグッズの担当も任された。そこで、木村は自分の趣味であるジャニーズ事務所のスターたちのコンサートでファンが使用している大きな黒いうちわを、ダイソーでも商品化したいと考えた。

当時、コンサートでタレントを応援するときに使うような、大型の黒いうちわは、東急ハンズなどでしか販売されていなかった。価格は数百円した。

うちわは、ただ購入して終わりではない。黒いうちわに、手づくりした、アーティストの名前や自分の好きな言葉を貼りつける。たとえば、木村は、タッキー&翼や、嵐などのグループが好きだったから、それらのメンバーの名前や、「ピースして!」とか「指さして」などの言葉を入れた。

手づくりしたうちわを持って、コンサートを鑑賞すると、ステージ上のタレントがうちわの文字に気がつき、ピースしてくれたり、指をさしてくれたりするときがある。

コンサートの開催時期は夏がピークとなる。木村が、うちわ販売を提案したのが五月。七月には絶対売り出したいと考え、矢野に説明をした。

ところがである。

「こんなでっかい黒いうちわ、誰が使うんじゃ！」

矢野は、そのうちわを投げつけた。うちわは、ピューッと飛んでいった。

今となっては、そのような黒いうちわが流行っているということが、矢野にうまく伝わらない説明をしてしまったことが敗因だともわかっている。

しかし、そのときは、さすがに悔しくてならなかった。しかし、そのままうちひしがれてはいなかった。

〈もう一度、挑戦しよう〉

ジャニーズ事務所のコンサートに詰めかけた黒いうちわをもった人々が写った写真やライブ映像を用意して、矢野にプレゼンを実施した。

木村の熱意に動かされ、矢野が「やってみようか」とようやく言ってくれた。

アイドルのコンサートにもち込む黒いうちわなど、若者にしか知名度がない。最初、矢野が反対したのももっともだと思う。しかし、矢野には寛容さもあり、黒いうちわの販売を認めてくれた。

コンサート用の黒いうちわは、うちわを装飾するための文字シールや、星形やハート形の立体シールなどの商品とともに販売した。それらの商品は、若者の町原宿店では一ヵ月で一〇〇〇枚も売れた。年間で数億円を売り上げるヒットとなった。

木村は、その後バレンタインの関連商品も任された。当時、バレンタイン向け商品といえば、ラッピングの袋などもあまり取りそろえられていなかった。有名チョコレートメーカーのゴディバは、立派な箱に商品を入れて売っている。しかし、ダイソーではそのような箱の販売はなかった。木村は箱の種類をどんどん充実、改善させていった。

たとえば、ショコラ用、トリュフ用、または本命用、義理チョコ用と箱の種類を増やし、リボンもレース状のものやサテン地などバリエーションをそろえていった。

そうした商材もヒットして、バレンタインはダイソー内でひとつのジャンルになった。

木村は、さらに正月向け商品も任された。

お正月向け商品に、何か新しいものを加えようと考えて、鏡餅をピンク色にしたり、だいだいの代わりに発泡スチロールのような素材でイチゴの置物をつくり、セットしてみたりした。しかし、売れなかった。

さらに、水引の鶴の向きは、鶴の頭が右上に向かっているものがよいとされるが、一部の商品で左下を向いているものをつくってしまった。客からの指摘で気がついた。

今、木村は後輩たちにも「鶴の顔の向きは、絶対に右上だよ」と指導している。

木村は、その後は、ダイソー内で売れている商品、売れていない商品の分析を徹底的に実施。ダイソー以外の小売店の売り場をかなり多くまわって、商品や販売方法の研究をした。

彼女は、不安になる。

〈ダイソーのやっていることがまちがっていないか〉

他店がどのようなことに取り組んでいるのかを見るため、たとえば、ドン・キホーテに行ってみる。ハロウィン用衣装が売られていたら、考える。

〈こういう商品は、ダイソーにはないからつくりたいな……〉

休日である土日も、商品研究のため、出歩くことが趣味になった。

木村は、ダイソーで本当によい環境を与えてもらっていると思う。他社で働く学生時代の友人たちの中には、自社の社長と会ったことがないという者もいる。社長が、いつまでも商品仕入れに介在してくれるからこそ、やりがいもあるのだと感じている。

一〇〇円という限定された値段設定ゆえに、工夫のし甲斐もあるのだ。

木村は、矢野から学んだことは、人生の大きな財産になっていると感じている。

東京でライバル店との競争に

渡辺有和は、中国、四国の開発に取り組んでいたが、平成二二年（二〇一〇年）に関東の開発担当がやめてしまったので、欠員ができた。矢野から「明日から関東もやれ」と言われ、渡辺の担当エリアはさらに広がった。

東京への進出は、渡辺有和のなかで第二の転機となった。それまでは一〇〇円ショップといえばダイソーしかなく、本社のなかだけで仕事は進められた。しかし、東京に来るとものごとのスピードがまったくちがった。

広島本社での商談は、一日に一、二件だ。しかし東京では、五、六社との商談は当たり前で、さらに物件を見てまわることになる。毎日が駆け足ですぎていくのだが、同時に多くの人と出会う機会にも恵まれた。

また、同業他社の出現も刺激になった。

これまでなら、ダイソーは「一〇〇円ショップ」という若い業界で、黙っていても集客できた。

しかし、さらに若い「キャンドゥ」の登場は驚きだった。

キャンドゥは、平成五年（一九九三年）に設立された。平成一六年（二〇〇四年）には、東京証券取引所市場第一部に上場。業界第三位である。

また、「セリア」は、それまでのダイソーにはない「女性にもウケる店舗デザイン」という切り口で攻めてきた。

セリアは、昭和六二年（一九八七年）に前身である株式会社山洋エージェンシーを設立。岐阜県大垣市を拠点に全国展開している。

セリアは、平成二一年（二〇〇九年）三月期決算の売上でキャンドゥを追い抜いた。ブランドプロミスは「Color the days 日常を彩る。」

これは、「お客さまの心に触れ、お客さまの日常を彩（いろど）るコトやモノとの出会いを、とことんまじめに追求すること」を約束するものである。

「一〇〇円ショップらしくない一〇〇円ショップ」を標榜（ひょうぼう）し、付加価値や実用性の高い商品を選定。商品数を絞り込むことで、一〇〇円ショップにつきまとう「質の悪い安物」というイメージの払拭（ふっしょく）を目指している。店内は落ち着きのある内装を施し、ゆったりとした雰囲気のなかで、高品質な一〇〇円商品が買えることを最大の特色としている。

またＩＴ化にも力を入れ、一〇〇円ショップ業界のなかでは比較的早くからＰＯＳシステムを導入している。

業界最大手のダイソーや長らく業界二位だったキャンドゥが、一〇〇円以上の商品も販売するようになるなか、セリアは税抜き一〇〇円商品のみの販売だ。「店内どれでも一〇

○円」という一〇〇円ショップの原理を維持し、主力購買層の女性に特化した経営路線をつづけている。

実際、各地のショッピングセンターで「うちはおしゃれなイメージだから、ダイソーよりもセリアさんで」というデベロッパーもいる。これはダイソーにとって脅威だった。それ以来、ダイソーも店舗デザインを女性向けにつくるようになった。

ただ、ダイソーには圧倒的な商品点数という絶対的な武器がある。東京の錦糸町駅前には、旧そごうのワンフロアを独占する都内最大級のダイソーがある。ここは、売り場面積一〇〇〇坪、商品点数五万点というとんでもないメガショップだ。

こういう業態は、競合他社にはできない。

代理店方式も展開

石川政史は、本社で労務関係や雑貨関係の担当もした。

労務関係は、給料関連のことだ。ダイソーの給与面については、人材確保のため、他社と同水準にしていた。

ダイソーの社風ではあるが、本当に朝早くから夜遅くまでスタッフはよく働く。何より、矢野からしてよく働くから、社員も自然とよく仕事をするようになっていく。

仕事好きの矢野が率いる会社だから、当然、ダイソーのメンバーの労働時間も長い。働かない人間はいつの間にか辞めていった。

矢野は、そもそも仕事以外に興味がない。たとえば、ゴルフをプレイするが、仕事に関係のないゴルフはほとんどしない。お客さんと一緒にゴルフ場に行き、お客さんを楽しませるためのゴルフはするが、自分が楽しむためのゴルフはしない。

以前、とあるメーカーの人間が、石川に教えてくれたが、矢野は「仕事以外では、足が一歩前に出ない」と言っていたらしい。まさに、矢野はそういう人なのだ。

ダイソーの草創期は、アットホームな雰囲気の会社で、社員の定着率もよかった。しかし、扱う商品が増え、会社の規模が成長するに従い、仕事の厳しさもあって、従業員はなかなか定着しなくなった。

矢野も、ついピリピリするようになり、石川も矢野の前に出るときは緊張した。石川は、自身のことを、あまり気がまわらないタイプだと考えている。その部分について、矢野に怒られることもあった。

また、納品先が倒産して、矢野からも叱責（しっせき）を受け、みずからの考えの甘さに気づかされたこともあった。

石川は、広島本社に戻ってからは、体調を崩したこともあり、一時期、役員を外れたりしながら、店舗開発の仕事を手がけていった。それから代理店とのつきあいなどを担当した。

催事を一緒におこなっていた縁から、店舗展開をおこなうようになった代理店もある。商売人である彼らは、人間関係もふくめて、ダイソーの最近のサラリーマン社員とは相容れないような部分もある。石川は、催事コーナーで一〇〇円商品を販売していたころからのつきあいを活かして、彼らとの関係構築、維持を担当している。

代理店には、ダイソーから商品を卸している。代理店のひとつとして、たとえば、「洋服の青山」で有名な青山商事株式会社は、「ダイソー&アオヤマ100YEN PLAZA」という名称で、一〇〇円ショップを平成三一年三月末で一一四店舗も展開している。

洋服の青山が新たな大型店舗を出すとき、それまでの旧店舗が不要となる場合がある。しかし、青山のような店の物件の場合、店舗は二〇年ほどの長期契約をしている。一般的には、そうした店舗は転貸するのだが、青山の場合、一〇〇円ショップを開いたりする。

また、青山は、洋服を販売するだけでなく、女性集客用に店舗の一部に一〇〇円均一コーナーを設けることもある。

さらに、愛媛県松山市に本社を置く靴販売をメインとした株式会社つるやでも、六六店舗のダイソーを運営している。

また、山陰地域では、株式会社みどり商事が代理店として店舗運営をおこなっている。加えて、長野の有限会社大創笹澤という社名の企業がダイソーの店舗営業をしている。

中には、ダイソーの代理店として契約はするが、運営はダイソー側が担当している店舗もある。代理店が運営している店も、ダイソーの店としてカウントしている。

最近だと、大阪のコーナン商事株式会社が運営するホームセンター・コーナンが、ダイソーの代理店として六六店舗ほどを展開している。ホームセンターの中の一角にダイソーコーナーを設けているが、それでも一店舗あたり、二〇〇～三〇〇坪をダイソーのために使っているので、広大だ。

代理店企業に対する担当は、エリアごとに担当者を置いている。催事場で販売していた時代からつきあいのある代理店に対しては、石川が直接話をするケースもある。

矢野は、古くから関係のある代理店に関しては忖度（そんたく）することもあるし、石川も経験を活かして相手の状況に即した対応を心がけている。

中国進出の教訓

平成二二年（二〇一〇年）五月、ダイソーは、オーストラリアに出店。現在四五店舗ある。

翌年の平成二三年（二〇一一年）九月には、中南米のメキシコへ出店（現在は閉店している）。

平成二四年（二〇一二年）三月にはミャンマーへ出店。現在四店舗ある。

取材当時、大創産業常務海外事業部長だった大原貴光が印象的だと思った国は、カナダのほかに、中国がある。

平成二四年六月、中国南部の中心都市・広東（カントン）省の広州で、試験的にフランチャイズ店をオープンすることになった。大原は直営店を提言したが、折り合いがつかず商品供給という形となった。

店舗は『中華広場』と呼ばれる古くからのショッピングセンター内にあり、集客力のある場所である。価格は一〇元、約一六〇円と高かったが、オープニングセレモニーや販促もおこなって当初から好評であった。

やがて、大創産業が日ごろからつきあいのあった日系の開発事業者が、「上海の銀座（ぎんざ）」と呼ばれるロケーション抜群の淮海中路（ワイハイジョンルー）にある一〇〇坪の物件を紹介してくれた。その日系企業が仲介してくれたおかげで、非常によい条件で物件を借りられることになった。

平成二四年一二月二三日、上海に二号店をオープンした。しかし、このときはセレモニーや販促は控えることにした。

この年の九月一一日、尖閣（せんかく）諸島が国有化されたことをきっかけに中国で反日デモが起こった。一部のデモ参加者が暴徒化し、日系関連の商店や工場を破壊・略奪・放火する事件が起きたばかりだったのだ。

しかし、来客数は非常に多く、日系企業だからといって敬遠されたり、営業妨害を受けたりすることもなかった。

店内の盛況なようすは、半年経ってもまったく変わらなかった。大原は、確信をもった。

〈よし、これで中国も進出成功だ〉

ところが思わぬ事態が待っていた。上海店が入っている建物のオーナーが「ほかのところに貸すから契約を打ち切る」と言ってきたのだ。

結局、五年間の契約は破棄され、二年で閉店することになってしまった。

大原ら海外事業部のスタッフは他の物件を探してまわり、上海郊外に三号店、四号店をオープンさせた。

郊外を選んだ理由は、現地で「別荘」と呼ばれる一戸建てが建ち並ぶ新興住宅街なら、大型のプラスチック製品などの生活用品が街中よりも売れるだろうと踏んだからだ。

しかし、期待はことごとく外れてしまった。

中国では、平成二三年三月一一日に起こった福島第一原発事故を受け、東京都をふくめた一都九県を原発汚染地域として規制をかけていた。食品だけでなく、日本から輸入するすべての商品を対象に放射能検査をかけ、放射能測定検査証明書を提出するよう要請されていた。

台湾も産地に対して非常に神経質であった。台湾の場合は「国が管理すれば大丈夫」という安心感を得られないため、福島第一原発事故以降は、科学的証明に安心安全を委ねるしかないというのが基本的な考え方である。

しかし、台湾が指定する原発汚染地域は福島や福島近隣の県に限られているが、中国は一都九県。しかも指定した原発汚染地域での製造はもちろん、トラックで通過することすら許されない。中国政府は「不通行証明書」を提出することまで求めてきた。毎年何百万人もの中国人が観光やビジネスで日本を訪れ、原産地も気にせずに「原発汚染地域」で飲み食いし、ホテルに宿泊し、長期滞在している。それなのに、輸入品は荷物が東京を通過しただけでアウトだというのだから、アンバランスにもほどがあった。

もちろん、そうした規制には政治的、経済的な意味合いがあり、矢野も進出前からそうした中国の実情は理解していた。だからこそ、これまでもことさら安心・安全をモットーとして前面に打ち出し、汚染検査や中国語ラベルの貼付などすべて中国政府の要請どおりおこない、「お客様にまちがいないものを提供していこう」という考え方の中で業務を進めてきた。そうした努力の甲斐もあってか、上海の銀座といわれる淮海中路に出した二号店の売上が好調だったため、今回もさまざまな規制もクリアできると読んだのである。

ところが、三号店、四号店では売上が伸びない。世界最大級の人口をもち、高所得者層も相当数いる最高のマーケットであるはずの中国で、なぜ商品が売れないのか。大原は頭を抱えた。

「いったい、何が原因なんだ」

日本で原発事故が起こり、中国政府がいくら厳しく規制をかけても、「中国製より日本製のほうが安心」という中国人の認識は揺るがなかった。中国で日本旅行が人気なのは、単に近いという理由だけでなく、憧れといった部分もある。それでもダイソーの売上が伸び悩んだのは、いったいなぜなのか。

たどり着いた答えは、やはりロケーションであった。上海の銀座といわれる場所に店があったから売れた。郊外だから売れない。大原は、そのことにまったく気づくことができなかった。

大原は思った。

〈原点に戻らなくてはダメだ。結局、街中でしか売れないのは、中国のお客さんに喜んでいただける品揃えができていないということなんだ〉

大原は、これまで単に日本から輸入するだけで「商品を磨いていく」意識が充分ではなかったことを反省した。商品を磨いてゆけば、宣伝活動などしなくてもお客さんは店まで足を運んでくれる。そうした道筋は、矢野がつくりあげたものである。

大原は、代理店への指導を改めて見直すことにした。日本のマニュアルをそのまま中国語に翻訳するのでは意味がない。中国の現場に即したマニュアルをつくり直し、現状に合わせた指導を徹底しておこなった。

大原は、そのほかにも商品選びや陳列の仕方など、中国独自のニーズを探りつづけた。中国向けの特別商品をつくったわけではない。根気よく分析をつづけた結果、四年目にしてお菓子、ジュースなどの日本製食品の人気が高いことなどが、ようやくわかってきた。

海外展開には、文化や言葉の壁、人材探しなどさまざまなハードルがあり、ついそちらに目が行きがちである。しかし、最後には初心に戻ってよりよいもの、もっと喜んでもらえる商品づくり、店舗づくりに力を注がなければならない。そして売上が好調なシンガポールなどでも、いつどうなるかわからない。大原は、世界中にちらばるすべての店のサービス向上に真摯に取り組まねばならない、と痛感した。

〈海外では、日本とちがう点をついつい言い訳にしてしまう。気をつけよう〉

大原にとって、中国は大きな教訓を与えてくれた国であった。

現在は、中国全域で九五店舗ある。

海外全体を管理する立場にいる大原から見て、中国がもっとも厳しく、苦しい国であった。

ダイソーでは、ブラジルにも平成二四年（二〇一二年）一二月に出店した。ブラジルでは、ガードマンを雇うのがふつうで、事件もしょっちゅう起こっている。

以前、電話局から店に電話があり、

「明日、検査に行くから待っていてくれ」

と言われた。

翌日、現地スタッフが待機していたら、現れたのは、なんと電話局の制服を着た強盗たちであった。

ブラジルでは、そんなことが日常茶飯事である。

なお、ブラジルには、現在四二店舗ある。

平成二六年（二〇一四年）六月には、カンボジアへ出店。現在、三店舗ある。

平成二八年（二〇一六年）一二月、モンゴルへ出店。現在、六店舗ある。

海外でのビジネスは、日本国内のビジネスのやり方とはちがうという認識が徹底的にないといけない。

販売する商品は、日本国内と基本的にはおなじ商品だ。ただ、各国の事情に合わせて部分的に変更を加える商品もある。

たとえば、スリッパのサイズなどはその国の国民の足のサイズに合わせて調整している。

矢野によると、商品の売上も、各国によって、ちがいがあり、そのちがいが面白い。

たとえば、クウェートでは、年中暑いこともあり、あまりスーツを着ない。そのため、ネクタイをする文化がほとんどない。だからダイソーのネクタイも売れないように思っていた。だが、そういう状況だからこそ、どのお店でもネクタイをあまり扱っていない。そのために、ダイソーのネクタイが飛ぶように売れたのだ。

各国によって、様々な事情があり、何がヒット商品になるかは販売してみないとわからない。そのことに商売の妙味も感じるが、対策としては、品揃えを充実させながら、その国においてどの商品が売れるのかをじっくり見極めていかないといけない。

アメリカは一・五ドル商品で進出

最近ではアメリカも好調だ。

アメリカでは、一・五ドルの商品、日本円で約一六三円を中心に、七八店舗ほど経営している。

だが、アメリカでも最初は順調ではなかった。

平成一七年（二〇〇五年）一〇月にアメリカのシアトルに初進出したものの、最初の三年間は、経営状態は芳しくなく、矢野はいつも、「もう、やめて帰れ」と言っていた。

やはり、軌道に乗るまでの時間が必要であった。しかし今では、本社のアメリカ移転を考えるほど好調だ。

矢野は語る。

「じつは今、中国かアメリカに本社を移そうかと話しています」

そのメリットは何か。アメリカは人口も増えていて、経済も拡大傾向にある。そのマーケットはとても魅力的で、ダイソーの進出余地も多い。

また、中国には工場がある。日本の高度成長期のように、労働者たちがよく働き、よく生産する。工場を成功させるには、給料が安いだけではなく、なにより従業員たちに働く意志、意欲が必要だ。

ダイソーは、中近東にも出店している。しかし、それらは、直営ではなくフランチャイズにしている。

やはり、東南アジアとは異なり、中近東、アラブ圏の人たちをうまく使いこなすのは、文化のちがいもあり、大変だ。

幸い、ダイソーでは、よいパートナーにめぐり合ったこともあり、順調にいっている。

中東の国々のなかで面白いのは、オマーンだ。オマーンでは、お店や工場で四人にひとりはオマーン人を雇わないと営業が許可されない仕組みになっている。そのため、オマーン人たちは、総じて態度が偉そうだ。

「俺がいないと、この会社は潰(つぶ)れるぞ」

そういう姿勢をあからさまにして、ほとんど働かない。

オマーン人の雇用を優遇し、一定保障する政策なのだろうが、それを採用することにより、結果的に彼らの就業意欲、労働意欲を奪ってしまっているのだ。雇用政策は本当に難しい。

やはり、それぞれにお国柄があり、各国にあった商売のやり方があるという。

なかでもやりやすく好調なのは、東南アジアだ。従業員もよく働き、意思疎通がしやすい。

第七章　九九パーセントが自社開発商品

「どのような国でもうちの商品は受け容れられる」

現在、大創産業は海外二八の国と地域に、約二一七五店舗を構え、文字どおり「世界のダイソー」に成長した。

アメリカは七八店舗を展開しており、平成二九年（二〇一七年）五月にヒューストン店をオープンさせた。アメリカは広く、進出済みの州はワシントン、カリフォルニア、テキサス、ニュージャージー、ニューヨーク、ハワイの六州のみ。まだまだ未出店の場所がいくらでもある状況である。

イスラム教圏でも店舗を展開しているが、すべてフランチャイズである。やはり文化のちがいが大きいこともあり、管理が難しい国の部類に入る。海外事業部のスタッフたちは現場を直接視察し、相手も日本に招くようにしている。そうして相互コミュニケーションを密にすることが欠かせない。どの国や地域でも言えることだが、せっかく築いた信頼関係も、コミュニケーションを怠(おこた)るとあっという間に崩れていく。日本のダイソーは常に進化し続けている。同様に、現地の人たちにも進化してもらわなければならない。そこがもっとも重要なポイントである。

取材当時、大創産業常務海外事業部長だった大原貴光は、海外事業部の責任者として、出店要望のある国や企業の調査をおこなってきた。本来であれば、新規開拓ができそうな国や地域のマーケティングも積極的におこなうべきなのだが、今のところ問い合わせに対応するだけで手一杯の状況である。

ロシアからは、出店の話を何度ももらっている。南アフリカからも、すでに一〇年以上前から出店の話を二度受けている。最終的には合意できずに実現しなかったが、今後実現の可能性は充分にある。そのほかの発展途上国や、日本から遠くあまり馴染(なじ)みのない国への出店の可能性も、もちろんある。世界を相手にすると、ゴールがまったく見えないほど可能性は限りなくつづいていく。

大原は思う。

〈どのような国でも、うちの商品は必ず受け容れられる。社長や自分の代ですべての国に旗を立てるのではない。大創産業という会社を永遠に継続させるために、海外進出はこれからも積極的におこなっていくべきだ〉

一〇倍働いて、一〇倍売る

ダイソーは、近年、設備投資、特にRDC（リージョナル・ディストリビューション・センター）、地域配送センター造りには積極的だ。

平成二四年（二〇一二年）六月には埼玉RDCが稼働。一二月には、大阪RDCが稼働。平成二五年の三月には、一万二五〇〇坪の新潟RDCが稼働、六月には一万五〇〇〇坪の九州RDCが稼働。平成二六年には、二月に一万四〇〇〇坪の北海道RDCが稼働。三月には、二万一〇〇〇坪の千葉RDCが稼働。一〇月には、二万二〇〇〇坪の名古屋RDCと一万五〇〇〇坪の広島RDCが稼働。自動倉庫の総面積は日本最大級の一五万坪に達する。日本各地に八ヵ所のRDCを合計五〇〇億円かけて建設していた。

これらのRDCは、ダイソーにとって重要な流通拠点である。

矢野が語る。

「ワシなら絶対に造りませんでしたが、今は役員たちが中心となってやってくれていますので、彼らの意見を参考に決めました。自分では、もったいないからと思ってしまい、ついい、この土地はこれだけ使って、あとは売れるように残しておこうと言ってしまうんですよ」

った。

RDCの建設により、ダイソーでは、物流事情がすごく楽になり、コストダウンにもなった。

これまでは、本社のある広島県東広島市から、東京や北海道にまで商品をトラックにより送り出していた。途中、商品を収納する倉庫がなかったからである。

しかし、埼玉県久喜(くき)市と千葉県習志野(ならしの)市に土地を一万坪ずつ購入し、二万坪の倉庫を造ったことにより改善された。

現在も、そこから商品を発送している。

本社近くの一万五〇〇〇坪の広島RDCには、コンテナが一日に二〇〇本も入るという。

倉庫を見学して、驚いた。クレーンが自動で商品をピッキング。ソーター（仕分装置）のベルトコンベアに自動的に商品を載せる。同時に一五〇店舗から二〇〇店舗の仕分けが可能である。

そのベルトコンベアにはたくさんの商品がコンピュータによって分類され、積まれ、流れつづけている。一分間に八〇メートルというスピードで流れるという。

その商品は、コンピュータで決められた場所に来ると、なんと右に左にベルトコンベアから落とされていく。コンピュータによって、ダイソー一店舗ずつに、商品が分けられて落とされているのだ。ある店舗に一七商品が必要となると、その一七商品が、右側の一区画に落とされる。落とされるところに作業員が待っていて、段ボールでなく、世界初の高機能なバーコードともいうべきＲＦＩＤ機能付きの電子ペーパーを採用したコンテナに素早く積み込む。

そのコンテナに詰め込まれた商品は、ＲＤＣに待つトラックに積み込まれ、ＲＦＩＤ機能により、配送されていく。

送るのは、日本だけではない。台湾にもインドネシアにもコンテナで船で送られていく。海外でも倉庫の建設に積極的だ。

近年発展の著しい中国では、一万坪の上海倉庫、四〇〇〇坪の広州南沙倉庫、一八〇〇坪の洋山倉庫、四五〇坪のアモイ倉庫と五つのＲＤＣを有している。

それに加えて、平成二七年九月に、一万坪ほどの土地にＲＤＣを建設した。

中国に倉庫があるおかげで直接仕入れられるので、仕入れ価格が日本円で七～八円ほど安くなり、コストダウンができるようになった。

さらに、台湾の台中には三〇〇〇坪の倉庫がある。タイにも五〇〇〇坪のタイ倉庫がある。なお、タイには、プラスチック製品、シリコン製品を製造する二万坪の工場がある。

現在は、コンピュータがあるために、商品を動かすのも、かつてと比較してだいぶスムーズになった。

これまでは、中国で仕入れた製品をいったん日本に輸入してから、各国に向けて輸出していた。しかし、今では、ベトナムや中国の工場から、日本を経由せずに、直接、アメリカや、オーストラリア、シンガポールなどに卸すことができるようになった。

矢野自身は、コンピュータが操作できない。そこは割り切って、優秀な社員たちに任せている。

矢野本人も、そのあたりは辛いところがあるが、口を挟めば挟むほど、うまくいかないことはわかっている。

これまで矢野はよく言っていた。

「任せるということは、放り投げることだ」

社長の矢野がすべての業務を管理し、目を行き届かせていたから言えた言葉でもある。

しかし、今は、時代の最先端にいる若い人たちに任せる時代になった。

やはり、小売業にとって大事なのは、人材だ。ダイソーは一個一〇〇円で商品を販売する商売だ。商品をたくさん売って、ようやく利益を生みだすことができる。だから、一個一〇〇〇円の商売の一〇倍ぐらい働くつもりでないといけない。矢野自身、そういう気持ちでこれまで働いてきた。

海外に進出した場合も、ダイソーの社員が現地スタッフの先頭に立って働かないと成功はしない。上から命令するだけでは、形だけはやるが、本当に売りたいという気持ちで働いてはくれない。

売値が一〇〇円だから、一〇倍働いて、一〇倍売らないといけないという恵まれない環境がそれだけ働く力を生み出し、優秀な社員たちを養成してくれたのである。

銀行から出向してきた社員は、ダイソーに来て、みな驚く。

それは少人数で利益をあげているからだ。

「これだけ少人数で利益を出す会社は、見たことないですよ」

矢野はよくそう言われた。


「われながら、よくこの商品を一〇〇円で売ることができるな」と驚く

開業以来、ダイソーの客層の変化はあるのだろうか。

矢野によると、やはり三〇代、四〇代の主婦がメインだという。そしてその客層の変化はこれまであまりない。

ダイソーが伸長したことにより、日本の小売業界にも様々な影響があった。

作家で経済評論家の故・堺屋太一（さかいやたいち）が、かつて言っていた。

「昔は四月に引っ越し需要があったから、百貨店はその需要により潤（うるお）った。が、今は、ダイソーさんでみんな済ませるから、引っ越し需要景気がなくなりましたね」

実際、四月はダイソーの商品はよく売れる。新居で必要なものをみなダイソーでそろえるようになったからだろう。百貨店でそろえるよりも、おそらく五分の一、一〇分の一の費用で済む。

ダイソーは、商品開発に力を入れ、様々な商品を一〇〇円で提供している。

なかには、矢野自身が「よくこの商品を一〇〇円で売ることができるな」と驚くこともある。

生産者に申し訳ないような気がすることもあるほどだ。

矢野が語る。

「これを一〇〇円で売っているのか、と、お客様が驚いてくれるような商品を売ることができたから、今があるわけです。いつも我ながら、これがよく一〇〇円で売れるなあ、と驚いています」

昔から矢野がよく社員たちに言っていたのは、一〇〇円で売ると五〇円儲かる商品と、一円しか儲からない商品があったら、どちらを重要視するか、という視点だ。

矢野は、いつも一円しか儲からない商品をたくさん売るように伝えてきた。

一円しか儲からなくても、お客さんが喜ぶ商品は、ほうっておいても、飛ぶように売れる。結局、一円しか儲からない商品の方が、より多くの利益をもたらしてくれる。

「お客様第一主義」という言葉がかつて流行ったが、「お客様第一主義」はそんな難しい話でもないのだ。

尽きることがない驚きのアイデア商品

矢野は、本社二階の社員の開発室とも呼ぶべき広いスペースを案内しながら、わたしに語った。

「円安になって、正直会社が潰れるかと肝を冷やしました。なにしろ一〇〇円の商品の原価が四〇円も上がった。今年の正月は、社員に『みなさん、ダイソーは潰れます。ごめんなさい』と土下座しようと思った。ところが、見てください、こんな小さいものが売れだしたんです」

矢野は、美しい千代紙でつくった箱を手に取った。

「紙ですから、なにしろ原価は安い。昔だったらとても商品にならん。紙は、輸入せんでもいくらでもある」

千代紙を使った美しい扇子や折り鶴などずらりとならんでいる。まるで和紙屋に入り込んだかのようである。

一〇〇円のネクタイもある。

矢野が語る。

「黒い色のネクタイもあります。急に通夜に行くことになったとき、ダイソーに入れば、一〇〇円で買えます」

矢野が、次のテーブルのグループのところに行き、竹の小箱を手にすると、床にわざと落として見せた。

「壊れないんですか」

「コンクリートに投げつけんかぎり、壊れません。じつは、これ、竹じゃないんですよ」

「え⁉」

担当社員が説明した。

「メラミンという粉で竹を模してつくるんです。竹だとコンクリートの上に落とすと割れる可能性がありますが、メラミンだと割れません。エコにもなります」

別のテーブルには、海賊ハットがある。

その担当者が説明する。

「今年の一〇月三一日におこなわれるハロウィン用のものです」

その担当者は、テーブルの下から袋を引き出し、ゴソゴソとやっていたが、なんと漫画によく出てくるような縞模様（しまもよう）の囚人服を取り出したではないか。それを素早く着てみせた。

担当者は、別の袋の中から、囚人の足枷（あしかせ）となる鎖（くさり）も取り出した。

「これも、商品です」

そうして、両足にはめて、そのあたりをジャラジャラと音をたてて楽しそうに歩いてみせる。

「これ、いくらですか」

「セットで五〇〇円です」

矢野が一瞬その場から立ち去った。どこへ消えたのか。ふたたび戻って来るや、刀を振りかざし、襲いかかってきた。なんと、その刃は血がついたように真っ赤である。

矢野は、にこやかに言う。

「これも商品です」

「いくらですか」

「一〇〇円です」

「ハロウィンも盛りあがりますね」

「これ、プレゼントします」

「血のついた刀ですから、空港で問題になりませんかね」

「大丈夫です」

矢野は、いまひとつ刃物の柄と血塗られた刃の先のついたアイテムを手にし、わたしの頭にまるで大きなカチューシャをつけるように差した。担当者がすかさず鏡をもってくる。鏡をのぞくと、わたしの頭の右側に刃が突き刺さり、左側から血まみれの切っ先が突き抜けている。

わたしは、つい笑った。

「よくできてますね」

矢野が言った。

「これも、プレゼントします」

わたしは、この取材のあと、東京に帰ると、いきつけのクラブにこの刃を頭に突き刺し、ドアを開けるなり、「テロリストにやられたァ」とよろけながら入り、他の客を驚かせたものだ。

さて、開発室の別のテーブルの上には、ゴム製の小さなワニがある。

「これ、なんですか」

担当者が答える。

「消しゴムですよ」

「へーえ、わたしの知っている消しゴムは、なんの変哲もない四角いものでしたけどね」

担当者は、うれしそうに言った。

「サルもネコもあり、凄(すご)く売れるんです」

隣のテーブルでは紙粘土を扱っている。

担当社員が、紙粘土をわたしに手渡して言う。

「触ってみてください」

触ってみた。

担当者が聞く。

「どうです？　粘土のようにベタつきもないし、粘土特有の臭いもないでしょう」

わたしは、小学生のころ粘土細工が好きだったので、紙粘土で人間の笑い顔をつくってみた。たしかにベタつきもないし、粘土独特の臭いもない。

すると、担当者が「いいできですねぇ」と言うや、その笑顔の紙粘土を手に取り、わざと床に落とした。

「あっ」

わたしが驚くや、担当者がニヤリとしてその紙粘土を拾いあげた。

「ごらんください。まったく壊れていないでしょう。粘土だと、床に落とすと壊れます」

しかも、紙粘土は、赤、青、黄、黒と四色もあった。それらを混ぜれば、色あざやかな工作ができる。

次のテーブルには、自転車の空気入れがある。

「自転車の空気入れまで、売ってるんですか」

「一〇〇円で売ってますよ」

「一〇〇円で自転車の空気入れが買えると、ありがたいですね」

矢野は、正月のテレビの上に置けるような小さな門松(かどまつ)があるテーブルに向かい、聞く。

「なんぼや」

「二〇〇円です」

「なんとか工夫して、一〇〇円にするよう努力しろ」

矢野は、広いスペースの開発室をこのようにチェックしながら、楽しそうに案内してみせる。

ダイソーの驚きのアイデア商品は、きりがない。日用品として欠かせないハサミは、ダイソーでは左利き用、先の丸い子ども向け、刃のカーブしたものなど、用途に合わせて多数用意されている。その数は、一三〇種類におよぶ。

日本を代表する伝統工芸品でもある美濃焼(みのやき)、有田焼(ありたやき)の器も、ダイソーでは一〇〇円から提供している。メイド・イン・ジャパンの確かな品質は、海外の客にも好評である。

コンパクトに収納できるコップもある。シリコン素材で軽くやわらかいので、持ち運びにも便利。アウトドアにもぴったりである。食洗機にも対応しているので、衛生的にも安心という。

洗剤を入れるディスペンサー付きキッチンブラシのプッシュウォッシュ。片手で押せば洗剤が適量出てくる仕組みで、使うときに手を止めて洗剤を足す面倒がない。襟袖(えりそで)ブラシやタイルブラシとしても利用できる。

手についた魚の生臭さやたまねぎのニオイなどをステンレスの荷電現象を利用して吸い取り、水で消し去るステンレスソープ。半永久的に使えるアイデア商品といえる。

外出先などで荷物掛けがなくて困ったときに、バッグフックをカバンにひとつ入れておけば簡単に荷物掛けを用意することができる。折りたたみ式も登場し、デザインも充実。女性に人気という。

矢野によると、新しく発売される商品の種類の豊富さ、そしてそれを店頭に並べるスピード、独自商品の企画力、開発力こそがダイソーの何よりもの生命線であるという。

続々と新しい商品を店頭に並べることができれば、こまめに来店してくれる顧客に飽きられる可能性は減る。むしろ来るたびに「何か新しい商品はないかな」と買い物を楽しんでもらえる。

矢野は強調する。

「商品のスピードの進化が勝つか、お客さんが飽きてしまうのが先か。その勝負に勝たなければいけません。お客さんに来店するたびに『この商品が一〇〇円で買えるんだ』とその都度驚いてもらえるか、満足してもらえるかが大事なことだと思っています」

あくまで商品の質の向上を目指す

バイヤーの木村仁美は、プリントシール機、いわゆるプリクラ業界でシェア七〇パーセント以上のフリュー株式会社とコラボレーションをし、ガールズトレンド研究所を立ち上げた。若い女の子向けの商品開発をおこなっている。

ダイソーは主婦向け商品は非常に豊富ではあったが、一〇代の女の子が買いたいと思うような商品が弱かった。オシャレさに欠ける面があった。しかし、そうした部分を補うようなものを、一〇代の感性に沿った商品展開をしてきたフリュー株式会社に提供してもらうことになった。

たとえば、若い女の子が買いたいと思うようなデザインのiPhone用ケースやバッグのデザインを提案してもらっている。

また、一〇代に人気のあるモデル・藤田ニコルを同研究所のキャラクターにし、彼女がプロデュースしたスマホポシェットなども販売している。すでに三〇〇〇万個以上、売上だと三〇億円を突破している。

このように自分だけでは気がつかないような若い子の感性を取り入れた商品を開発している。

たとえば、それまで付箋といえば、四角いかたちのものしかなかったが、クロワッサンや食パンの形など、デザインをフリュー株式会社に依頼し、かわいらしい雰囲気のものを用意した。これまでは、ダイソーのロゴマークと『付箋・〇枚入り』と大きくプリントしていたが、そうしたものは入れる必要がないということが、フリュー株式会社と組んだことでわかった。

木村が配属された当初は一二、三人くらいだったバイヤーの数も、今は三〇人くらいに増えた。二〇代のバイヤーが六人いる。バイヤー部署もジャンル別で一部、二部とわかれていて、木村は五部に所属。シニアバイザーの下で、チーフバイヤーとして働いている。五部では、トレンド商品、ハロウィンやパーティー化粧品などのグッズを扱っている。

化粧品は、それまで中国製、台湾製を扱うことが多かったが、安全面、心理面での安心感を考えたとき、日本製に移行する必要があると考えた。今は、日本製のメイク用品をたくさん扱うようになり、矢野からはパッケージにもっと大きく「日本製」と入れるようにとアドバイスがあった。

二〇歳のただの若い女性をバイヤーにし、何億円という契約書にサインをするというのはとても怖いことだろうと木村は思う。また、ヨーロッパやシンガポールに出張に行かせてもらうこともあり、とてもよい経験をさせてもらっていると彼女は語る。

九八〇円したものを一〇〇円で売る

ダイソーでは、商品のもち込みもある。他企業の品と比べて優位性のあるものかどうかを見極めるための目は、結局、大量の商品を見ることでしか養われない。妥協をしたくないから、業者に対してはどうしても厳しくなる。

栗森健二によると昔は、アイデア商品として九八〇円くらいで販売していた毛玉取り機が、今では一〇〇円だ。以前は、中間業者が中抜きをしていたのではないかと思う。また、機械化が進むことで大量生産が可能となり、商品も安くなっていった。

昔は、四〇〇〇円くらいした蒸し器が今は一〇〇円で買える。今も昔も、ダイソーではおたまが人気商品だが、ものの質は、圧倒的に向上した。

最近は、大手メーカーの商品をつくっているような工場が、同じ機械や材料を使って同質のものを安く卸すから仕入れてくれないかと売り込みもあるようになった。

取材当時、栗森は、工具、ワイヤー関連の仕入れを担当していた。一〇〇円で販売しているので、通常のものより少し小さめだが、電気小物や電池を使うような懐中電灯や電球などの品も扱っている。また、一〇〇円ではないが、世の中の電力エコの流れとLED電球市場の普及にともない、LED電球を三〇〇円から四〇〇円で販売した。小さめのLE

Dライト、ミニランタンやキーホルダーなどは一〇〇円だ。

そうした商品も、大量仕入れするからこそ安くできる。しかし、昔ほどではない。以前は三倍、五倍買うからといって値下げ交渉をしたが、今はそこまで下がらなくなった。というのも、「一〇万個購入する」と口約束だけして、「まずは、一万個だけ送ってくれ」と言い、実際には一〇万個買わないような業者がいるらしく、仕入れ先も販売相手に対して警戒心を持っているのだ。工場オーナーにダイソーの方針をしっかり説明して理解してもらい、バイヤーの熱意が伝わると、おもいきった価格、品質で提案ができる。

今はまだ、普通サイズのＬＥＤ電球の商品は、一〇〇円で販売できるようなものをつくることができないが、お客様に喜んでもらえるよい商品を、安く提供できる努力をしている。

年間六億円分ほどは、売れなかった在庫の商品を捨てている。

売り場に売れない商品がたまると、困る。その場合は廃棄している。やはり、ダイソーでは商品の開発力が必要になってくる。

取材当時、石川政史は、国内の代理店対応や店舗開発を専門にしていた。海外店舗スタート時には、少し外国の店舗へも出かけていたが、今は海外専門スタッフが、担当している。ダイソーは、現在、海外二八の国と地域に展開。約二一七五店舗が営業中だ。

同じく取材当時、スタッフの渡辺有和は、開発部内では石川の部下で、関東地域を担当していた。店舗開発とメンテナンス面もひとつの組織として併せて取り組むことになった。

開発会議は、二週間に一度のペースで実施。出店するかどうかの判断は、矢野に仰いで決定している。

ダイソーは、地方は人口減少傾向にあるが、都心部への出店数増加には、まだ可能性があると考えている。以前は郊外の方が、出店しやすかったということもあり、うまく店舗数を伸ばすことができた。

今後は、街中にダイソーの店舗を増やしていきたいと、石川は語る。

そして、スタッフの仕事がスムーズにおこなえるようサポートをしていきたいとも考えている。

石川は、ダイソーが、まさかこれほどの企業に育つとは考えてもいなかった。トラックのハンドルを握らずに一日が終わるとは思ってもいなかった。

昔は、毎日トラックで催事先へ出かけ、帰ってきて、荷物を補充していたのだ。一〇〇円ショップというものができるとは想像もしていなかった。過去の名刺には、「総合催事商社」と書き入れていた。一〇〇円均一だけでいけるとは思っていなかったので、アイデア市を開いたり、竹の細工を売ったり、ディスカウント商品を販売してみたり、いろいろなことに挑戦した。一〇〇円のアイテムをこれほど増やせるとは思わなかった。

ひとつの催事場で一週間販売して、次のところへ出向くから新たな客が来て、商品が売れると思っていた。いろいろなメニューを増やして、場所を変えて展開していく商売だと思っていたのだ。それが、一〇〇円の商品だけに絞って、これだけ巨大になるとは……。やはり、商品の質を向上させたことが勝因だろう。

結果として、ダイソーが一〇〇円ショップを展開したことにより、ダイエーやニチイ、ジャスコなどの家庭用品売り場は、縮小していった。たとえば、茶碗にしても、昔はダイエーなどの家庭用品コーナーで購入していた客が、今ではダイソーで買ったりしている。そうでなければ、百貨店などで質のよいものを選ぶのだろう。

大型スーパーで売られているような、中間の品質のものを選択する客がいなくなってしまった。

さらに、専門店が増え、好みの多様化が広がった。文房具屋も商店街もＧＭＳ（総合スーパー）も商売が厳しい時代になってしまった。

年商五〇億円の会社を買収

渡辺有和に第三の転機が訪れた。平成二七年（二〇一五年）一〇月、彼はダイソーの社員のまま、ある企業の「社長」になったのだ。

静岡に「オレンジ」という屋号で、一〇〇円ショップを展開していた中部商会という企業があった。県内に約六〇店舗を展開し、業績も問題なかった。

じつは静岡という土地は、ダイソーのようなフランチャイズ企業が進出しにくい場所だった。商工会議所が土地の小売業を守るために、巨大商業施設の進出に対して、様々な規制をかけているのだ。

その静岡で、「オレンジ」は市内の好条件の場所にいくつも店を構えていた。

「これをM&Aできないかなと。勝手に夢を描いていました」

矢野に相談するまでもない、ただの与太話だった。だが、渡辺の話を聞いていたダイソーの広報スタッフのひとりが「中部商会の社長秘書をよく知ってるよ」と言い出した。棚から牡丹餅というか、瓢簞から駒というべきか。とにかく会ってみようと、渡辺もフットワーク軽く出かけて行った。

聞けば、中部商会の社長も六〇歳をすぎて、そろそろ幕引きを考えはじめていたタイミングだったらしい。最初の面談から、「いくらだったらダイソーに売却してもいい」と具体的な金額まで出してきた。

数字をもち帰って、本社の会議で報告したところ、案の定、矢野から「順番がちがうだろう」とカミナリが落ちた。

とはいえ、矢野もこの話には興味を持ったのだ。渡辺はすぐに具体的な交渉に入った。

当時は円安が進み、仕入れコストがかさんでいた。今思えば、いろいろな事柄が大きく変わる節目だったのかもしれない。平成二七年一〇月、ダイソーは中部商会を完全子会社化する。

もっとも、独禁法の縛りで、登記上の子会社化にはそれから一年かかった。年商五〇億円以上の会社を子会社化する場合には、公正取引委員会の承認が必要なのだ。

子会社化する一〇月になっても、新社長が決まっていなかった。M&Aの責任者として、渡辺は繰り返し、矢野に人事について問うた。

ついには「なんならわたしがやります」とまで言ってみた。しかし、返ってきたのは「でも、お前は商品がわからないだろう」という、至極冷静な答えだった。

週末を挟み、週が明けて、別件の報告に社長室を訪れた渡辺が、用件を済ませて部屋を辞そうとしたときだ。

矢野が「なべ」と渡辺に呼びかけた。

足を止めて振り向くと、矢野は椅子から立ち上がり「……お願いします」と頭を下げた。言うまでもなく、かじ取りの難しい新会社の社長を引き受けてほしい、という意味だった。

渡辺は震えた。

社長という職に就いて、改めて感じたのは、ひとりでは何もできないんだという事実だった。地区開発の仕事はスタンドプレイ的な側面があった。ひとりで動き、なんでも勝手に決めてしまうこともあった。

だが、社長になってみると、自分は商品がわからない。運営がわからない。経理がわからない。その部門は専門のスタッフに任せるしかない。自分の足りない部分を補ってくれる周囲の人々に、常に感謝しなければやっていけない。

頭痛薬は、あまり長期間飲みつづけてはいけないらしい。しかし社長になってから、渡辺は、毎日強い頭痛に見舞われた。鎮痛薬を二、三ヵ月毎日飲むほどであった。白髪も増えた。

ダイソーが買収した中部商会の店舗は、まだ大半が「オレンジ」という旧屋号のままだ。その中で、六店舗だけダイソーに切り替えてみた。すると売上が一・五倍から二倍に伸びた。

渡辺は、いずれは全店舗をダイソーに切り替える予定だ。経費の問題もあるので、今すぐにというわけにはいかないが。

中部商会は、当時の社長が年齢的なことを考えて引退する形でＭ＆Ａが成立した。

長年つづく円安について、矢野はどう捉えているのか。

ダイソーでは、原材料を含めて輸入が多いために、円安は最悪だ。

ただ、ずっとインフレに苦しめられていた時代があった。そのときは物価が上がるたびに、「原価が上がって、運賃が上がって、人件費を払って、倒産するかもしれない」と危惧していた。

矢野は常に言っていた。

「質素にしておこう。今はよくても、インフレが来たら一発で倒産だから」

そうやってインフレを凌いでいた苦しい体験が、現在の経営に役に立っている。

今後、どこまでこの円安に耐えられるかはわからない。

しかし、やはり客の目は肥えている。ダイソーとしては、そのニーズに合わせて、よい商品をつくっていくしかない。

たとえば、テレビなどの電化製品ならば、コストダウンを図れる材料がある。だが、ダイソーが扱う一〇〇円の商品は、輸送費と人件費をのぞくと、原価と材料費しか残らない。極限まで切り詰めて安くしているのだから、円安に合わせた対応をすることはさらに厳しい。

円安は日本国内でのビジネスを難しいものにさせるが、海外でビジネスを展開するうえでは、チャンスにもなる。

そういう面では、海外進出をしていたことで、結果としてバランスがとれている。

どんな席でも相手より上に立つことはない

栗森健二は、ダイソーの創業期から社員として働いてきた。

矢野は、よく怒るが、フォローもうまい。たとえば、凄い剣幕で社員を叱ったあとは、「これ、奥さんに」と手土産を渡してくれたりする。

昔の矢野は、怒りのあまり、机をひっくり返してしまうこともあった。栗森の頭の中には、矢野が激高する姿が焼きついている。相手は、売り込みに来た商社の人間だった。

「儲けようとして値段を出すな！　駆け引きなしで価格を出せ」

そう怒鳴っていた。

矢野は、栗森らに常に言っていた。

「仕入れは格闘技じゃ」

高校時代ボクシングをやっていた矢野らしい、仕入れにかける凄まじさである。

しかし、それで、その商社と縁が切れてしまったわけではない。今でもつきあいがある。結局、矢野をふくめバイヤーはメーカーや商社と、そのような交渉をすることで価値のある一〇〇円商品をお客様へ提供することが仕事であり、仕方ないことだと栗森は思っている。

しかし、今は、もう、それほど怒らなくなった。が、指導、命令は常である。

ダイソーは、年商は年々大きくなったが、矢野は、「今があるのは社員のお陰」といつも言っている。

近藤英昭たち、矢野と小学校の同級生は、事業に成功し、財をなした矢野のことを「天下を獲(と)った」と見ている。だが、矢野本人はそれを鼻にかけることをしない。それどころか、偉ぶらず、ひょうきんなふりをいつもしている。

近藤はそのようすを見て、いつも思う。

〈ふつうだったら、ふんぞりかえっていてもおかしくないのに。真似(まね)できないな〉

また、近藤との飲み会には、市電などで訪れることもある。

今は、金には苦労していないのに、このことは、「見栄(みえ)と無駄はしない」という矢野の哲学によるものと推察している。

近藤の見るところ、矢野は、成功してもまったく偉ぶるところがない。ふつうは、成功すると、自分の偉いところ、成功した部分のみを人に見せようと振る舞うようになり、大仰(おおぎょう)に構える人が多い。

しかし、矢野はその逆で、どんな席でも相手よりも上の立場に立つことはない。

親しい元プロ野球選手や、広島財界の著名人たちと食事をする席でもその姿勢は変わらない。近藤たち、昔からのつきあいの同級生相手でもそうだ。

偉そうにしたり、紳士ぶったりすることもなく、いつも自分から道化を演じて、その場を盛りあげようとする。

また、成功し出世した時点で、過去にお世話になった人たちのことを顧みたり、懐かしんだりしない者も多い。だが、矢野はちがう。同級生や昔の店員たちを集めて、飲みに行くことも多い。

近藤が言う。

「我々は矢野が成功したというが、矢野自身は『今はまだ通過点で、ダイソーはまだまだ発展途上にある』と思っているのだろう」

矢野は、よく口にする。

「ワシは、ありがたいことに、人生でうまくいったことがひとつもない。ほいじゃけん、働くしかないんだと思って、よく働いていました」

矢野自身がいつも率先して働いていた。働くのが大好きだった。

運も能力もない自分には、目の前のことを一所懸命やって、食べるだけの目標に向かって働くしかない。その思いだけであった。

矢野は思う。

〈自分の能力がないのに、会社がこんな規模になってしまって、なんだか申しわけない気持ちでいっぱいだ。ありがたいを超えて、申し訳ないというのがじつのところだ〉

矢野は、社員が出社する前に本社前で待っている。本社前に大きな水瓶が三つ据えられている。社員があらわれるや、その水瓶の水を大きな柄杓ですくい、社員めがけ「おはよう！」と大声で言いながら、振りかける。

「きゃあ！」

社員は、そう叫びながら、その水を避ける。

矢野も、心得たもので、水がかかりそうでかからないぎりぎりにかけている。およそ社長然として威張ることのない、なんとも愛嬌のある姿である。

長期的経営計画をつくらない

矢野は、従業員の教育などにはあまり熱心ではなかった。自分が一番率先して働く姿を見せることこそが、最善の教育だと思っていた。

会社の朝礼も、創業して以来、ずっとやっていない。

現在では、週に一回、午後一時から五分間だけおこなう昼礼があるくらいだ。

長期的な経営計画もつくったことがない。

そういったものは、ダイソーの利用客が決めることだと矢野は思っている。

客の支持を得ることができれば、売上も伸びる。経営計画を策定しても、支持されなければ意味がない。

むしろ、経営計画を無理に達成するために、売上のよくない店を出店したら、それこそ損失を招くだけだ。

経理については、銀行から出向している社員に任せているところもある。

現在は、みずほ銀行から四名、もみじ銀行から五名の出向を受け入れている。

経営計画は持たないダイソーだが、商品の開発には力を入れている。

矢野は言う。

「こんな商品が一〇〇円で買えるんだ！　とお客さんに思われないと、成り立たない。結果的に一〇〇円均一ということが、商品開発やコストダウンを進めてくれたわけです」

一〇〇円で売るという条件が、結果的に商品開発を推進する原動力になったわけである。

成長をつづけるダイソーだが、これほどのスケールになりながら、社是(しゃぜ)・社訓といったものがない。会社の理念も、特別に定めていない。そういうものはなくても、社員はみんなよく働く。

矢野は、自嘲(じちょう)気味に語る。

「もし、大上段(だいじょうだん)に構えて社是などを定めてしまったら、ワシは、照れてしまって話せませんよ（笑）」

今でも未上場だし、予算目標やノルマをつくらないできている。

「社長業というのは、口を細かく挟みすぎてもいけない」

ダイソーが軌道に乗り、拡大しつづけているなかで、矢野はいつもそう言っている。

昔は、一から一〇〇まで全部口を挟んでいた。しかし、今は、ほとんど挟まない。どちらかといえば逃げているくらいだ。

自分が第一線で働けなくなると、矢野は思うようになった。

「この部下には、負けるな」

「ようくうちの会社で勤めてくれているな、ありがたいな」

そう感謝するようになった。

矢野が例によってユーモラスに語る。

「細かいことにはもうタッチしないのです。女の子にならタッチしますが（笑）」

採用試験の面接にも数年ほど前から参加していない。

ゲストが本社を訪れる日は、かならず本社の玄関前に大きな、まるで選挙のポスターのような貼紙が貼り出される。

「××御来社」

ゲストは、気恥ずかしそうに玄関に入って行く。

いつも「矢野節」を連発

矢野は、サービス精神旺盛(おうせい)である。いついかなるときも、まわりの人を笑わせようと「矢野節」を連発する。

矢野とわたしと女性をふくめた社員とで本社近くのトンカツ店に昼食に行ったときも、矢野節を連発。

「じつは、Y子さんは、独身で恋愛中なのに、なぜかパンツを穿(は)いていないんですよ。『恋は儚(はかな)い』と言いますからね」

矢野が、Y子に念を押した。

「な、そうだよな」

Y子が答えた。

「社長、ハイでいいんですか」

「ハイ」

「では、ハイ」

「『美人薄命(はくめい)』とも言いますからね」

矢野は、さらにつづけた。

「ウチの女性にも一〇人くらいパンツを穿いてないのがいる。なんできみたちは穿かんのか、と聞くと、彼女たち言うんです。『わたしたち〝派遣(はけん)〟です』」

矢野がカタールに行ったときの話も出た。

「カタールのドーハに女房と行ったときのことです。向かう飛行機の中で、運よく若い女子大生と仲よくなった。ドーハで彼女に電話して、かつてサッカーの国際試合がおこなわれたサッカー場アル・アリ・スタジアムのそばにあるレストランで楽しい食事をした。いざ精算して店を出ようとするや、そこになんと、女房が入ってきた。『あなた、何をしてるの』と大喧嘩(おおげんか)になった。『ドーハン（同伴）の悲劇』です」

矢野がインドに行ったときの話も例によって、矢野節で言う。

「こないだインドに行ったらですね。空港の中に蛇(へび)使いがおるんですよ。その蛇使いが笛を吹いたら、壺の中からコブラがふーと出てくる。蛇使いが、出てきたコブラにタバコの煙をふーと吹きかけると、コブラがパクパクと吸うんですよ。まさに『ヘビースモーカー』です」

わたしが矢野に、ドジョウも田んぼで冬眠をするのをテレビ番組で見たことがあるという話をすると、矢野、例によってひとこと。

「その番組の批判が多かったんですよ。ドジョウが、じつは餌(えさ)のかわりに農薬を食べて『ドジョウ（土壌）汚染』」

矢野が、カゴメの三代前の伊藤正嗣社長とゴルフに興じていたときのことだ。そのとき、矢野は、いつものサービス精神を発揮し、伊藤社長に、カゴメの販売しているケチャップを投げる真似をしながら叫んだ。

「ケチャップを投げるぞォ、カゴメェ！」

ところが、みんなが笑うと思って放った言葉であったが、誰も笑わない。むしろシラけてしまった。

矢野は、みんなに聞いた。

「何で笑わんの？」

「カゴめ、というのは広島の方言で、関東では、しゃがめというんです」

矢野のユーモア弾も、ときに失敗することもあるらしい。

矢野は、客にはとにかく気をつかう。飲酒しながらでも、相手のグラスの残量をチェックする。客に楽しんでもらおうという気持ちが強いのだ。矢野は、社員相手にでも冗談を連発するが、やはりスタッフは緊張感を持ってその言葉を聞く。

ある日、石川政史が矢野とゴルフに行ったときのこと。たまたまグリーンのカップ横でボールが止まった。すると、矢野は、胸ポケットから、パター形のマドラーを取り出した。その小さなパターを使って、カップにボールを入れた。

石川は思った。

〈ボールが、カップの横で止まるというアクシデントがないと利用することもないのに、パター形のマドラーをよく準備してきていたな〉

矢野は、ゴルフはあまりうまくないという。

かつて、矢野が資金繰りに困ったとき、保証人になってもらうのは、次兄の幡二だった。

幡二は、医者でゴルフはシングルの腕前だ。その次兄が戒めるように矢野によく言っていた。

「お前、四〇歳までにゴルフをはじめたら、二度と保証人にはならないからな」

不思議に思った矢野は聞いた。

「どうして？」

次兄は答えた。

「ゴルフは面白い。一度ハマりだすと、やめられないぐらい面白い。仕事より面白いから、仕事が伸びなくなるんだ」

次兄の教えもあり、矢野は、ゴルフをやらなかった。四〇歳になったときも、仕事が多忙すぎてゴルフどころではなかった。

五〇歳をすぎてようやくはじめたものの、年に一回ほどしかできないため、上達はあまりしなかった。

矢野は冗談めかして言う。

「神様に『有名人にならせてください、お金持ちにならせてください』といろいろお願いしたら大体みんな叶えてくれました。このあいだ、『シングルにならせてください』とお願いしたら、これだけは叶えてくれない」

矢野が、一番幸せだなと思う瞬間はいつか。

矢野は、笑いながら答える。

「銀座のクラブに行って、気をつかわないですむ連中と楽しく飲むこと。まさか、自分のお金で銀座に行けるとは夢にも思いませんでしたから。それまでは、億に一個も想像していませんでした」

昔は、自分より年上の経営者に同行し、奢ってもらう場合が多かった。しかし、今は矢野自身のおカネで銀座に繰り出すようになった。それが一番うれしいという。

矢野は、人に気をつかう人生を歩んできた。それが社長として多くの社員を抱えるうえで、よかったのか、悪かったのか、わからないという。

でも、そのおかげで、みんなに可愛がられるようになった。

矢野は、父親に感謝している。

〈ええ性格に産んで、育ててくれました。体力も充分あった。本当にありがたい〉

病気をせず、ここまでやってきた。

商売をしていくうえで、矢野は、「儲けたい」「会社を大きくしたい」と思ったことはない。

ただ、見栄っ張りなところがある。それが、ダイソーのオリジナル商品の誕生へと繋がった。

驚くべき二〇年間の売上高と店舗数の伸び

矢野博丈は多くを語らない分、社員がその意を汲んで動かなければならない。取材当時、大創産業常務海外事業部長だった大原貴光は思った。

〈ダイソーをもっとよい店にして、さらに多店舗展開し、世界中に広めていくのがわたしの責務だ〉

「この社長のためならば、この会社のためならば」と思い、自らの役割をまっとうせんと粉骨砕身する。まさに日本のビジネスマンの原点ともいえる姿がここにあった。大原のような社員がいてこそ、今のダイソーがある。

矢野は、社員の限界点を定めずに、「きみならもっとできるはずだ」と応援しつづけてくれた。励ましを受けた当人が「これで充分だろう」と満足してしまってはいけない。大原が気を緩めた次の瞬間、周囲のスタッフにその空気が伝わってしまう。責任者となったない。

大原も、矢野と同じように後輩たちを応援しなければ、その志を共有することはできない。

大原は今の仕事を天職のように感じているせいか、まだ入社して五年目くらいの、気力あふれる感覚をずっと維持できている。

〈おれのようなボンクラを、社長はよくここまで面倒見てくださった。しかも重職まで与えていただけるなんて、普通だったらありえない。バンドで失敗したことが、社長との縁に結びついた。そのことに感謝しかない〉

大原は、何遍生まれ変わってもこの会社に入りたい、たとえ今の給料が半分になってもこの仕事をつづけたい、とさえ思っている。

青春時代にバンドに打ち込んだように、大原にはひとつのものを求め燃焼する能力がある。矢野は、大原のそうした人間性を最初から見抜いていたのかもしれない。

ダイソーの国内外における売上高は、過去二〇年ほど以下の推移をたどっている。

平成八年三月期は、二三三億円。
平成九年三月期は、三二二億円。
平成一〇年三月期は、四八五億円。
平成一一年三月期は、八一八億円。

平成一二年三月期は、一四三四億円。
平成一三年三月期は、二〇二〇億円。
平成一四年三月期は、二四二〇億円。
平成一五年三月期は、二八一二億円。
平成一六年三月期は、三〇〇〇億円。
平成一七年三月期は、三一〇〇億円。
平成一八年三月期は、三二〇〇億円。
平成一九年三月期は、三三〇〇億円。
平成二〇年三月期は、三三五〇億円。
平成二一年三月期は、三三八〇億円。
平成二二年三月期は、三四一四億円。
平成二三年三月期は、三四一一億円。
平成二四年三月期は、三四一五億円。
平成二五年三月期は、三五一九億円。
平成二六年三月期は、三七六三億円。
平成二七年三月期は、三八八二億円。
平成二八年三月期は、三九五〇億円。

平成二九年三月期は、四二〇〇億円。

平成三〇年三月期は、四五四八億円。

平成三一年三月期は、四七五七億円。

ちなみに、一〇〇円ショップ業界第二位のセリアの売上高は、平成三一年三月期で、一七〇四億円。第三位のキャンドゥの売上高は平成三〇年一一月期で七〇七億円。

ダイソーの過去二〇年の国内外の店舗数の推移は、以下の通りである。

平成八年三月期は、三〇〇店。

平成九年三月期は、五〇〇店。

平成一〇年三月期は、六〇〇店。

平成一一年三月期は、一二〇〇店。

平成一二年三月期は、一五〇〇店。

平成一三年三月期は、二〇〇〇店。

平成一四年三月期は、二四〇〇店。

平成一五年、二四〇〇店。

平成一六年、二四〇〇店。

平成一七年三月期は、二四五〇店。

平成一八年三月期は、二五〇〇店。

平成一九年三月期は、二五五〇店。
平成二〇年三月期は、二六五〇店。
平成二一年三月期は、二九五〇店。
平成二二年三月期は、三〇〇〇店。
平成二三年三月期は、三二〇七店。
平成二四年三月期は、三三三八店。
平成二五年三月期は、三四五〇店。
平成二六年三月期は、三六四〇店。
平成二七年三月期は、四三〇〇店。
平成二八年三月期は、四五〇〇店。
平成二九年三月期は、四九五〇店。
平成三〇年三月期は、五二五〇店。
平成三一年三月期は、五五四二店。

ダイソーに次ぐ一〇〇円ショップ業界二位のセリアは、平成三一年三月末で、一五九二店。業界三位のキャンドゥは、令和元年一〇月末で一〇四九店である。

一〇〇円ショップ業界では、セリアやキャンドゥが競合他社だ。

矢野から見ると、セリアはそれなりに力をつけている。

現在は、ダイソーふくめて大手五社が競争している。五社合計の売上のうち、ダイソーが半分ほどを占めている。

外国人がビックリ「一店舗五万アイテム！」

ダイソーは、テレビでもよく取りあげられている。

二〇一七年には、テレビ朝日の「世界が驚いたニッポン！　スゴ〜イデスネ‼　視察団」で取りあげられた。

この番組は、人気お笑いコンビの爆笑問題とタレントのウエンツ瑛士（えいじ）がMCを務めた。テーマに沿った海外の専門家が日本に招かれて、身近な商品やサービスなどのテーマに関するスポットを視察し、海外と比較しながら、日本ならではのスゴイものについて取りあげる情報バラエティ番組だ。

ダイソーは、平成二九年二月一八日放送の一〇〇円ショップについて取りあげた回で、特集された。

ナレーターが語る。

「今夜、最初のテーマは、一〇〇円ショップ。全国六〇〇〇店以上、激安均一価格の店として、世界でも有数の店舗数を誇る日本の一〇〇円ショップ。特に業界トップの店は、世界にも進出。二六の国と地域に一五〇〇店をチェーン展開するなど、世界各国からも注目を集めています。そんな日本の一〇〇円ショップに強い関心を持ち、最新事情を視察するため、フランスとアメリカから来日したのは、激安均一ショップを経営するプロ。視察先は、国内だけで三〇〇〇店舗を展開する、日本最大手の一〇〇円ショップ、ダイソー」

視察がはじまり、フランス人経営者のマークさんと、アメリカ人コンサルタントのマイケルさんがダイソーの東京錦糸町店を訪れる。

店員が、ふたりに説明する。

「ここ錦糸町店は、一フロア一〇〇〇坪。日本で、今ここが、最大の売上とお客様がご来店するダイソーです」

フランス人経営者のマークさんが語る。

「わたしの店はスピーディーに買いものができるよう、だいたい六〇坪と小さめです」

ナレーターの説明が入る。

「マークさんがフランスで経営しているのは、ユーロショップ、日本円でおよそ二四一円均一の商品ラインナップは、みずから買いつけるだけでなく、独自商品の企画、開発によっても取り揃え、四七店舗をチェーン展開。その店の多くは、町中の立地のため、店舗、売り場はコンパクトなつくりになっています」

つづいて、アメリカ人コンサルタントのマイケルさんが語る。

「店内がとても明るくていいですね、これだと商品も見やすいと思います。アメリカでは多くの商品を陳列するために、もっと棚が高くなっています」

ナレーターの説明。

「マイケルさんの国アメリカには、一ドルショップがあります。日本円で一一三円均一。商品開発から、仕入れにまで助言をする、経営コンサルタントとしてこれまで四三六〇店舗の立ちあげ、経営に関わってきました」

店員が説明する。

「錦糸町の今の取り扱いが約五万アイテムくらい」

マークさんが驚きながら、語る。

「五万だって⁉ 恐ろしい数だね。わたしの店ではだいたい二五〇〇アイテムです。比較になりませんね」

ナレーションとともに、マークさんがフランスで経営するユーロショップが紹介され、イタリアや中国の均一ショップの事情が紹介される。

錦糸町店に戻り、マークさんが尋ねる。

「こちらのお店では、よく陳列を変えるんですか?」

店員が答える。

「毎月だいたい七〇〇種類の新商品が生産されて、毎日新商品が届くので、通常の品出しと、こういう売り場の変更っていうのは、いろんなコーナーで毎日おこなわれています」

「それは大変ですね」

「お客様が飽きるスピードとの闘いだと社長も言うんですが、同じものをずっと置いてたら飽きられます。変な話、毎日お客様が来られても、新しい商品がお店の中に提供できているからこそ、お客様に飽きられずに、ダイソーをまた使っていただける。やはりダイソーがいかに長くお客様に来ていただくためには、新商品がこれだけ出るのが、我々の強みになってます」

　さらに、アメリカの経営コンサルタント、マイケルさんが発見する。

「この商品にも、ダイソーのマークが入っているよ」

　店員が答える。

「自社でつくっている商品が今、すべてで七万アイテムあるんですけど、全体の九九パーセントはすべてダイソーブランドとして、われわれがつくっています」

「九九パーセント、オリジナル商品ですか？　わたしの店で出しているオリジナル商品は、全体の一〇～一五パーセントです。残りの多くは、在庫整理などで、メーカーからまとめ買いした商品ばかりですね。それは、本当に大きなちがいだと思います」

　ナレーションが入る。

「視察団が衝撃を受けたのは、日本の一〇〇円ショップで販売する商品に占める自社企画商品の割合」

「マークさんが経営するフランスのユーロショップでプライベートブランド商品は、全体の一〇～一五パーセントほど、多くはメーカーの在庫処分品などをまとめ買いするなどして、より安く仕入れることで、激安均一価格を実現しています。こちらの一〇〇円ショップでは、商品の九九パーセントをプライベートブランドとして、企画開発、それにより常に利用者のニーズに対応。よりよい商品の提供を目指しています」

「プライベートブランドによって、自社で基準をつくれることになる、商品の品質。では、どのようにして、高いクオリティを保っているのか、その秘密は今回の視察で明らかとなる」

錦糸町店の紹介につづいて、海外のプロたちがピックアップした商品ベストファイブが紹介されていく。

幅わずか六センチのケースに、はさみや針、ボタン、糸、糸通しなど、八種類の裁縫道具が入っている裁縫セット。水だけで簡単に綺麗（きれい）になる簡単便利掃除グッズ。自転車の防犯用のワイヤーロープ。頑丈で柔軟性のある蓋（ふた）つきのプラスチック容器などが順番に紹介され、最後に、ベランダなどに侵入してくるカラス除（よ）けが紹介される。

商品価値を厳しく見極める目

商品紹介のあと、番組では、ダイソーのオリジナル商品の開発現場に潜入する。視察団一行は、広島県東広島市のダイソー本社を訪れる。そこでは、一品一品の商品の企画開発がおこなわれている。

プライベートブランド商品の開発では、ひとつのアイテムを販売するまでに、大きく三つの段階がある。まず、バイヤーと呼ばれるスタッフが外部メーカーのもち込んだ商品サンプルから新商品になりそうなアイテムを厳選。そのサンプルをもとに、修正指示するなど、バイヤーはメーカーと打ち合わせを重ね、何度も試作品をチェックしながら、問題点を改善していく。こうしてできあがった商品は、大量生産し、最終的な品質チェックをクリアーすれば、全世界四五〇〇店舗での販売となる。

ダイソーでは、商品開発のため、日本だけでなく、世界四五ヵ国のメーカー六五〇〇社以上と取引きがあり、一日平均二〇社ほどの企業が商品サンプルを持って、商談に訪れる。

番組では、京都からやってきた雑貨メーカーとの商談を取りあげている。

メーカーから持ち込まれた商品サンプルは、およそ一〇〇点のクリスマス関連グッズだった。

メーカーとの商談をおこなうチーフバイヤーの木村仁美。

ハロウィンやクリスマスなどに、もっとも売上が高くなるシーズン雑貨や女性向けのトレンドアイテムなど、会社の主力商品を多数担当している。

じつは、従業員一万人のダイソーでバイヤーを任されているのは、三〇人だけ。その三〇人のなかでチーフバイヤーはたったの六人だ。いわば、七万点のすべての開発、製造のカギを握る精鋭中の精鋭といえる。

なかでも木村は、特に厳しい目で商品価値を見極めるバイヤーのひとりだった。

まずメーカーから提案されたのは、手のひらサイズのクリスマスカード五枚セットだった。

木村の厳しい声が飛ぶ。

「裏は写真も何もないんですが、これは、ちょっと一〇〇円の価値がまったくないです。たったの五枚で一〇〇円で売るって難しいですよ。プリントアウトしたら自分でつくれるような商品ですよね、これ。どこにも負けないようなものをつくらないと、これはちょっと到底、世に出せないですね」

つづいてメーカーから提案された商品サンプルは、犬や猫に着せるクリスマス衣装だった。

木村が言う。

「高すぎます。今、大人用の帽子とか、カチューシャとか、いろんなものがいっぱい一〇〇円でやってるの見られてますよね。なんでこれが二〇〇円になるんですか。やっぱりうちの社長がずっと言ってきたのは、一〇〇円でお客様にどこにも負けないよい商品をつくりなさい、高額に逃げないというか、一〇〇円で売るための努力をしなさいってことなので。これを二〇〇円で世に出すことは到底許されない。厳しい。これは努力したら絶対一〇〇円にできる商材だと思います」

つづいてバイヤーの木村がチェックしたのはバンダナ用のデザインサンプルだった。

「全体的に色が暗いのと、クリスマスらしいモチーフがちょっと少なすぎて、これが欲しいっていうふうに思ってくださるのは、無いですね」

さらにチェックしたのが、壁にも飾れるよう意識したという手ぬぐいのデザインだった。

「ツリーが入っている段階で、やっぱりクリスマスのときに飾っておきたいっていうようなタペストリーじゃないと、難しいと思うんですよね。その中で一番メインなのが、このバスでいいかって言われると、難しいですよね、世界観がちょっと見えないですよね」

商品価値を厳しい目で見極めるバイヤーの妥協を許さない姿勢が取りあげられた。

ここで、海外の商品開発と比較。

番組では、その後も、商品化に向けての劇的改善、バイヤー木村のさらなる真剣な取り組みが取りあげられていく。

「仕入れは格闘技」は、高校時代ボクシングをやっていた矢野の教えだ。木村にもその魂（たましい）が受け継がれているようだ。

働きだしてから、木村仁美は年に一度しか故郷に帰らない。しかし、最近はテレビ番組にダイソーが取りあげられる際、木村が出演することが多く、ふるさとの両親は彼女の活躍をテレビで見て非常に喜んでいる。それもこれも、矢野のおかげだと、木村は感謝している。

「社長に育てていただいたおかげです」

木村は、放送を見て自分の厳しい言葉に、もっと言葉を選べばよかったと考えたりもしたし、とても勉強になったとも言う。

矢野はよく言う。

「扱うのは商品だけど、やはり人よのう」

木村も、社長の言うとおり、消費者のためにいい商品を安く仕入れるには、可能なかぎり厳しさに徹しなければいけない。しかし、人との接触に関しては、人間性を大切にしながら働いていきたいと、今は思っている。

木村の今後の目標は、木村の下についているサブバイヤーたちの成長だ。彼ら、彼女らにも、矢野に「よかったね」と言ってもらえるような仕入れのセンスを身に付けてもらいたいと、木村は思っている。

第八章　新しい風、生き残るために

人間は「素頭（すあたま）」「眼力」「運」

平成二九年（二〇一七年）三月三〇日、ダイソーの入社式がおこなわれた。

矢野博丈は、集まった四三人の新入社員たちを前に、訓辞をおこなった。

「みなさん、いよいよ今日から社会人です。今日から合宿になります。本当に長いあいだの学生時代を経て、おめでとうございます。今日は、みなさんに社会人として必要な三つのことを伝えたいと思っています」

まず第一に、感謝力を挙げた。

「人に感謝する力のことです。みなさんが赤ちゃんとして生まれて、ずっとお父さんやお母さんに育てられて、そのあいだのご両親の苦労は、山より大きいほどのものなんです。このなかの何割かの人は、自分ひとりで大きくなったと思っているかもしれませんが、本当に親のおかげなんです。人生に大切なことは感謝する力です。その感謝力を常にもちつづけてください。長年生きていると、やはり感謝力のある人が、最後には幸せな生活をされているような気がします。だから、まず両親に感謝してください。みなさんは、まず一回目のお給料は、お父さん、お母さんに、御礼をして、必ずよいプレゼントやよい食事を贈ってあげてください。本当に人生において、感謝する力は、凄いものなんです。

野球の練習でも、練習が終わったあとに、『あー、疲れた。明日もうダルいなあ』と言う場合と、『ありがとうございました』と言うのでは、全然ちがいます。『あー、ダルいなあ』と思ったら、そこでその練習はほとんどゼロに戻りますが、『ありがとうございました』と言うことの積み重ねによって、野球選手は強くなっていくんです。だから、感謝力を絶対忘れないようにお願いします」

それからふたつ目に必要なことを語った。

「今日からみなさんは社会人です。社会人にはこれまでのような試験はありません。ですが、今から自分を鍛える勉強が必要になります。学校では試験があるから勉強しますが、社会人になってからも、勉強はあるんです。それを忘れないでください。野球選手は、プロ野球選手になるのが目的ではなく、選手になってから、頑張って活躍するのが目的なんです。だから、切磋琢磨勉強して強くなって活躍する。そのためには、勉強と努力が必要です。

今日から、さらに勉強するということを、忘れないようにしてください。社会人と学生との差もいろいろあります。学生時代の勉強は、記憶力の戦いです。ですが、社会人はいわゆる工夫力の戦いです。どう工夫して仕事をするのか。会社でいえばそれは企画力でもあります。人生においての工夫する力、わたしは、それを『素頭』と呼んでいます。それともうひとつ重要なのが、眼の力、眼力です。『眼力』と『素頭』を鍛えてください。

　これはある人から聞いた話なのですが、昔、たくさんの新入社員が採用されていたバブル期の入社試験で、課題として、ダイレクトメールを三〇ヵ所に送る作業をしてもらうという試験があったそうです。受験する学生たちの前に、封筒と、それに封入するチラシ二枚と、送り先の住所を渡す。すると、あまり気の利かない『素頭』の弱い人は、一社ずつ住所を書いて、チラシを入れて、切手を貼って作業をする。

　いっぽう、『素頭』のよい子は、封筒に宛名だけを先に書いて、チラシを二枚ずつ入れる作業を一気にやって、切手もまとめて順番に貼って閉める。前者と後者では作業時間が倍以上ちがうそうです。この工夫力は、実社会で必要ですから、どう工夫したらうまくいくのかということをよく考えてください」

　さらに三つ目に必要なことを語った。

「三つ目は、『運』です。実社会では、運がないと、なかなか難しいです。人生でもそうですが、運がよい会社と運の悪い会社がありまして、ダイソーは運がいい会社です。わたしみたいな経営者が社長でも、ドンドン大きくなり、みなさんの努力のおかげで大きな会社になりました。

みなさんも、運をつけないといけません。運をつけるにはどうするかというと、やはり笑顔のよい人、そして前向きになって働く人、そして、人生では、ちょっとした隙間や無駄にも愛されるように努力しないといけません。自分のままでいようとしても、運はよくなりません。運は、よいことの積み重ねですから、運という定義はないんです。広辞苑を読んでも、運がよいとか運が悪いとかは決められていません。ですが、明治の文豪の幸田露伴は、自著の『努力論』のなかの幸福三説で、惜福ということについて、こう書いてあるそうです。運というのは簡単なんだ、と。

明治時代に、あるふたりの兄弟がいました。その時代ですから、みんな貧乏で寒い服装をしていますが、ふたりの兄弟が寒い服装をしているのを見かねたお母さんが一念発起して、一年かかって服をふたりにつくります。ある日、お兄ちゃんと弟に、お母さんが『長いあいだ、寒い思いをさせて汚い服でごめんなさいね。お母さん、頑張ってつくったから、今日からこれを着てちょうだい』と。そう言って、その兄弟ふたりに渡したそうなんです。

それをもらって、お兄ちゃんの方は、大喜びして、今着ているボロボロの服をゴミ箱に捨てて、新しい服を着て友だちに見せびらかしに行ってしまいます。いっぽうの弟は、

『お母さん、ありがとうございます』と言って、新しい服を箪笥にしまいこみ、古い服のままで、『今日も手伝わせてください』と言って、水汲みやらなにやらお母さんの手伝いをするんです。お母さんから、『今日はいいのよ、遊びに行きなさい』と言われても、「いや、お手伝いさせてください』と言い、仕事を手伝い、そして終わったあとに、『遊びに行きます』と言い、出かけていきました。

お母さんにしてみたら、お兄ちゃんの方がかわいいかもしれません。ですが、幸福の神様というものがいるならば、弟がかわいいに決まっています。こうしたことの積み重ねが運なんです。

運というものは、先祖や両親からもらったもので、生まれたときから持っているものも半分あります。ですが、あとの半分は、毎日のよいことや、日々の努力の積み重ねによって、運が開けてきます。人間ですから、やはり、よい運を身につけていかないといけません。

だから、思考に気をつけなさい、それはいつか言葉になるから。言葉に気をつけなさい、それはいつか行動になるから。行動に気をつけなさい、それはいつか習慣になるから。習慣に気をつけなさい、それはいつか性格になるから。性格に気をつけなさい、それはいつか運命になりますから。だから、運というのは考え方なんです。自分の心の置き所によって、運は開けたり開けなかったりしますから、とにかくみなさん、どうぞよい運をご自身の人生に吹き込んでください。

毎日の積み重ねをいかに積み重ねるかですから。自分でやろうとするのは、とてもいいことですが、人間は先輩たちからいろいろ教えてもらって、次の世代に、子孫に伝えていく力を持っています。だから、先輩たちからもよく習ってください。

先輩にも、親切な人も、忙しい人も、いろいろいますが、よくお願いして、頑張って聞き出す力も必要です。そして、そのためには、『お、こいつかわいいな、見どころあるな』と思われなくてはなりません」

矢野は、自分について語った。

「じつは、わたしは先月二二日に一時体調を崩しまして、入社式にこんなラフな格好(かっこう)で出ていますが、人間はいつか病気になる運命にあります。病気をしてみると、病院に多くの人がお世話になっていることに気づきます。

広島の西条にはイズミという大きなスーパーがありますが、わたしが入院した病院の駐車場の方が車が多いんです。いかに病人が多いかということです。みなさん方が健康だということは、それだけで感謝の対象なんです。ここまで元気に育ててくださった両親に感謝しなくてはいけません。入院すると、元気であることはありがたいことだとわかります。

わたしのように暴飲暴食をして、ふしだらな人生を送ると、病気になります。みなさん、将来を恐れて、よい人生を送ってください。今日がスタートです、今日からがスタートです。

試験はありませんが、みんながあなたのことを見ています、会社は、上司や仲間たちがあなたがどういう人間なのか、日々見ているわけです。

ひとつ、感謝の気持ち。ふたつ、素頭を鍛え、常にものごとを考える。三つ、運をつくる。人間をつくる、人間を鍛える、自分をよい性格に鍛えることを頑張ってください。

人間は、必ず病気になるんですから、まず健康なことに感謝できないとわたしみたいになります。わたしは人より元気だと自慢していましたが、それは両親のおかげなんです。

明日から一緒に頑張りましょう」

「すいません、こんな社長でごめんなさい」

平成二九年六月一一日にTBS系列の「がっちりマンデー‼」でも、「一〇〇円ショップ ダイソー儲かりのヒミツ」と題した放送回で、矢野みずから出演し、司会の加藤浩次らと軽妙なやりとりをした。

番組は、応接間をイメージしたセットを舞台にはじまった。冒頭、司会者の加藤と進藤晶子が矢野を迎える。

加藤が語る。

「さあ、今日はダイソーの社長さんが来られるということですね」

応じる進藤。

「楽しすぎて、どこからどこまでが本当なのか、わからないくらいの方なんだそうですよ」

「ああ、そうなんですか、変わった方な印象ですけど、ＶＴＲを観ると」

「いろんなことなさってましたね」

「でも、四九五〇店舗ですよ。とんでもない数ですよ。世界中にあるわけですからね。その儲けの秘密を今日は聞きたいと思います」

ふたりのやりとりのあと、ピンポンと来客をつげるベルが鳴り、レンズに垂れ目が描いてある変なメガネをかけた矢野が登場してくる。

進藤が矢野を紹介する。

「本日のゲストを紹介しましょう。株式会社大創産業、代表取締役でいらっしゃいます矢野博丈さんです」

紹介されておどける矢野。

「すいません、こんな社長でごめんなさい」

フォローする加藤。

「何をおっしゃいます。本当に凄いグッズをつくってるわけじゃないですか」

進藤も言う。

「一〇〇円ショップの元祖(がんそ)でもいらっしゃる」

加藤が並べられた商品を前に質問する。

「好きなグッズとかあったりするんですか」

矢野、なんと、刃の先に血のついた包丁をまるでカチューシャのように頭につける。包丁が頭に突き刺さっているように見える。

突っ込む加藤。

「刺さってますよ」

ボソリと言う矢野。

「カチューシャ、男のカチューウシャ」

一同、爆笑する。

加藤がケチャップを入れる赤い容器を指さしながら言う。

「これは、何ですか?」

矢野、それを手にとりながら、

「これはですね」

進藤の方へ向けて容器を押すと、キュッという音とともに、赤い糸のようなものが容器から出て進藤の方へピューッと飛んでいく。

　驚く進藤。

「うわ！　びっくりした、何をされるんですか、社長」

　加藤が矢野に質問していく。

「これ、今四九五〇店舗ですか。社長、とんでもない数ですね」

　矢野が語る。

「頭が悪いからできたんですよ」

「え、どういうことですか」

「計算したらそんなに儲からない商売なんですね。食うだけでいいと思ってですね。毎日コツコツ一所懸命やってきたら、まさかこんなになるなんて、思いもよりませんでしたよ」

「最初の目標は何店舗くらいだったんですか」

「うちは、一年の経営計画っていうのをつくったことがないんですよ。目標、予算、ノルマ、つくったことがないです」

「えっ、今もですか」

「ええ」

「よくそれで、こんなに大きくなりましたね。社長、そうやって言いながら、じつはあるんですよね」

「それがあるって言えばカッコイイんですが、なんにもないんですよ」

「それでは、ここまで大きくならないですって」

「それは社員のみなさん、スタッフのみなさん、一所懸命という、凄い強いものをもってるんです」

「なるほど、そういうことですね。人ということですね、その経営計画というよりも」

「超、人間的な会社なんで」

「やっぱり人が一番大事ですか」

「大事というか、そのものですね」

「そのもの！」

進藤が話を進める。

「頭からかなり盛りあがりましたが、一〇〇円ショップのダイソーが、業界ナンバーワンでありつづける儲かり戦略とは？　ご覧いただきましょう」

画面はＶＴＲに切り替わる。

ナレーションが語る。

「一〇〇円ショップの元祖として、業界トップを走りつづけるダイソー、国内に三一五〇店舗、海外に二六の国と地域に一八〇〇店舗を展開、年商は四二〇〇億円。今も右肩あがりでグングン伸びてる、そんな元気すぎる会社の秘密とは？」

　ダイソーの本社社屋の映像。

　ナレーションがつづく。

「ダイソーの本社があるのは、広島県東広島市、朝九時前には来てくださいとのことで、八時半に訪ねてみると……」

　会社を訪ねる番組スタッフの映像。

　驚きのナレーション。

「あらー、入り口から大歓迎」

　玄関には、彼らの来訪を歓迎する看板が出ている。それを見て、スタッフたちが、社内の広いフロアに入ってくる。女性社員がマイクを片手に、放送する。

「お知らせいたします。ＴＢＳテレビ、『がっちりマンデー‼』御一行様、ご来社くださいました」

　ほかの社員たちも起立し、声をそろえる。

「いらっしゃいませー」

　スタッフが応じる。

「おはようございます」

　社員たちも、返礼する。

「おはようございます」

ナレーションが語る。

「これまでたくさんの会社にお出迎えいただきましたが、ここまでのスケールははじめてです。はい、よろしくお願いします」

放送当時、広報課部長代理の大佐古健吾が出てきて、取材に対応する。爽やかではつらつとした好青年風の外見の持ち主。

ナレーションの声。

「でも、どうして朝イチに呼んでいただいたんでしょう?」

大佐古が答える。

「一〇〇円で商品が生まれる仕組みは、いろんなところで見えると思います。ダイソーは現場が命なんです」

ナレーションが語る。

「と、そのとき、九時のチャイムとともに、みなさん席から立ち上がり、ラジオ体操がはじまって、これ社員全員の日課、楽しく働くためにはまず体が基本という、社長の考えからおこなわれているんだとか。体操が終わったと思ったら、今度は、これまた社員総出でお掃除。声を掛け合いながら、部署も立場も関係なくみんなで。総務部の部長さんも……」

みんなで、よってたかってやる

　放送当時、店舗総務部部長齋藤直生が語る。

「朝からみんなで、しんどいことは早く終わらせようというのが、うちの社風でございますので、苦じゃないです。全然それはもう、身についているので、基本というか当たり前という感じです」

　ナレーションが語る。

「ゴミを集めて、ようやく一段落と思ったら、まだまだ終わらない。午前一〇時、今度は近くの倉庫に移動、なぜかみなさんスポーティーな格好をして、またまた声をかけあいながら忙しそうに何を……」

　倉庫でキビキビと段ボールを運ぶダイソーの社員たちの姿。

　テレビスタッフがそのうちのひとりの放送当時、商品仕入本部の高良歩美に質問する。

「これは、何をやってるんですか？」

　高良が答える。

「デバン（デバンニングの意）といって、届いた荷物を入庫する作業。いろんな部署の人たちが集まってやってます」

ナレーションが語る。

「これぞダイソー名物デバン。もちろん毎日メーカーから届く荷物は、専門のスタッフが受け取り作業をしていますが、毎週一回、ふだん倉庫で働いていない、様々な部署の社員さんが集まりみずから受け取り、積む。そして運ぶ」

テレビスタッフがまた質問する。

「すいません、部長さんですか？　魚屋さんじゃないですよね」

尋ねられた放送当時、商品仕入本部の岡谷誠が、答える。

「弊社の社長が、昔から申しておりますが、こういった作業の仕事をみんなでよってたかってやれというふうにずっと申していて、今もこういう形でみんなで一致団結して取り組む」

ナレーションが語る。

「とにかく、体を動かす、声を出す、みんなでやる。年商四〇〇〇億円を超えても、創業時から変わらぬダイソーの伝統なのです。午前一一時、東京出張からこの日の朝戻ってきた矢野社長登場」

車から矢野が降りてくる。

「よろしくお願いします」とスタッフが右手を出すと矢野がわざと左手を出し、変な握手になる。矢野が冗談めかして言う。

「あんまり仲よくないとき左手の方が」

社内を歩く矢野と番組スタッフ。

ナレーションが重なる。

「で、社内に入ると、なにやらうろうろ。なんと社長室ではなく、あちこちをふらふらしながら、お仕事をこなしていくんだとか」

矢野が言う。

「両手両足で一緒に歩く」

ナレーションがつづく。

「ふらふらと向かった先にあったのは？」

映像、資料が並べられた長い机がある。

番組スタッフが質問する。

「このファイルは？」

「これは、新店のオープンの……」

スタッフ、驚きながら言う。

「こんなにあるんですか、新店」

矢野が資料を手に取りながら、言う。

「これが、一一月オープンの資料」

ナレーションが語る。

「社長が手にとったのは、新しくオープンした店舗の写真、その隅(すみ)っこには、シールで売上が貼りつけてある」

矢野が語る。

「一七〇万も売れるんですよ、一日で。これは一〇〇万」

ナレーションが語る。

「社長が売上をチェックするといえば、細かい表やパソコンでデータを見るっていうイメージなのに、あえてお店のようすがわかる写真と一緒に数字を眺めるのが矢野社長流」

スタッフが質問する。

「一日で一二〇万とか、一〇〇万を超すっていうのは、相当なんですか?」

「凄いですよ」

矢野の昔の写真とともにナレーション。

「どうやら、どこのお店も絶好調なごようす。しかし、矢野社長、ここにいたるまでの道のりは順風満帆(じゅんぷうまんぱん)ではありませんでした。五〇年前、奥さんの実家の家業ハマチ養殖業の跡継ぎに。ところが大失敗。巨額の借金を背負った矢野青年は、百科事典のセールス業や、ちり紙交換など、九回も転職を繰り返します。そんなある日、たまたま目の前に日用雑貨の移動販売が。『これしかないのぉ』、一九七二年、トラックで雑貨の移動販売をする会社、大創の前身、矢野商店を立ちあげました。

しかし、夫婦ふたりでたくさん値札を毎日つけていくのは大変。『もうまにあわんわい、全部おなじでええか』。こうして、今の一〇〇円均一方式が生まれたのです。これがもう大当たり、今ではグローバルな会社に成長したってわけ。そんなダイソーの魅力は何なのか」

ダイソーの店内の映像が流れ、ダイソーに買いものに来た客たちが語る。

「いろんな種類があるから選べる」

「見て歩ける」

「いっぱいあるので、見てて飽きないです」

「週に三、四日来るんじゃない。飽きないねえ！　だって毎日おもしろいものがいろいろ見られる」

ナレーションが語る。

「みなさん口々に、飽きないとのお言葉。そうこれこそがダイソー躍進のキーワードなのです。アイテム数はおよそ七万点、とにかく次々商品をつくり、値段以上の価値でお客さんを飽きさせない、なんと毎月七〇〇もの新アイテムを。そこで新商品開発の最前線へ」

バイヤーはメーカーに妥協ゼロ

番組スタッフが尋ねる。

「今から何がはじまるんですか？」

社員が答える。

「今から、各バイヤーがバイヤーごとにメーカーさんを呼んで商談がはじまります」

ナレーションが語る。

「各テーブルごとに、商品を仕入れるバイヤーが、商品を売り込むメーカーの担当者と商談。こちらは、猫ちゃんにつけるかわいい首輪の商談」

バイヤーが聞く。

「ちょっとやっぱり危ないんですよね。猫っていうのは、何かに引っ掛かったときに安全のためにすぐ外れないといけないんですよね。このタイプだと外れないので、そこはすぐに改善してよいものにしていきましょう」

ナレーション。

「基本、一個一〇〇円と決まっているから、その値段の中で、どれだけメーカーさんに工夫と改善をしてもらえるかが勝負なんです。バイヤーさん、妥協ゼロ。フォトフレームのデザイン変更でも……」

　バイヤーが言う。

「今とあんまり変わらない感じがしませんか。今の感じのピンクではなくて明るすぎるピンクだと思うんですね。全体をもっと落ち着いたピンクにしたうえで、枠を細めにして文字をもうちょっとでかく」

　ナレーションが語る。

「いやー細かい。こんな商談を一アイテムつくるのに、三～四回するのは当たり前。芳香剤をつくるメーカーさんは、今までよりボリューム感をアップして、消臭、香りも強化」

　芳香剤を手に取り、スタッフが驚く。

「え、これ一〇〇円？」

　メーカー側の男性が答える。

「そうです。一〇回くらいもってきました、絞られて絞られて」

　ナレーション。

「ダイソーで売ってもらうには、一〇回以上の直しがあることも。それでもダイソーで売ることは、とても魅力的なんですよね」

　メーカーの男性が答える。

「やはり、莫大な販売量、あの儲け方がちがうんですよね。ひとつで儲けるんじゃなくて、凄い量を出しながら、トータル的に少しの収益がにじみ出てくると」

ナレーションが語る。

「そう、世界四九五〇店舗で売れるのでメーカーも充分採算が取れるっていうわけ。それだけ絞って絞ってつくり出した商品は思い入れがありますので、お店に出すと必ず売れます」

番組スタッフが問いかける。

「今のところ、がっちりですか？」

メーカー男性が応じる。

「がっちり」

矢野が商談スペースに現れる。

ナレーション。

「あら、この商談スペースにも矢野社長がふらふら」

矢野がダイソーの男性社員に近づき、肩にパンチをする。

社員が応じる。

「あ、社長、おはようございます。今、下駄箱(げたばこ)の消臭剤をやってまして」

矢野、商品を手に取って、『下駄箱用』という表示を指差す。

「これ、もっと大きいほうがいいな。あと、ここがよう読めんよ、『使用期間一ヵ月』。不利なことは大きくわかるようにしとった方がええぞ、有利なことは小さくてもええけど、お客さんにとって嫌なことは大きく書いた方がええよ、海外に出すかもわからんけ、『MADE　IN　JAPAN』を大きくせんといけんよ」

ナレーションが語る。

「こうやってあちこちのテーブルに勝手に割り込み、ひと声かけるのが矢野スタイル。こうしてできる新商品、多いときは一週間で三〇〇アイテム。妥協しない現場がつくった商品で飽きさせません、ね、社長」

サングラスとつけひげをつけておどける矢野。

ナレーションが入る。

「あら、モテるー」

番組は、『がっちりマンデー‼』のスタジオに戻る。

加藤が語る。

「独特な会社ですね。社長は、毎日ふらふらされてるんですか」

矢野が応じる。

「フロアに仕切りがないんですよね。全部がわかるようになってるんで」

「社長が気になったことをその場で言っていくんですか」

「そうですね。三人で決めるより、五人で決めた方がいいものができるっていうことですね」

「何でですか、それは」

「まあ、いろんな見方がちがいますから」

「参加していくっていうことですね。厳しいことも言ってましたね。『お客様のために不利になることは大きく書け』と」

「そうなんですよね、今それが宣伝なんですよね、逆に。昔は不利なことは小さく書いていた。でも今は、お客さんが不利になることは大きく書くほうが、これが優しさなんですよね」

「メーカーさんにしてみたら、結構厳しいですね、あの商談は」

「これ、いい商品だからオーケーかというと売れないいんですよね。思いが入っていかないと、やっぱり何回も行き来するほうが、商品は売れるんです。『仕入れは格闘技』というんですけど。メーカーさんも一円でも、高く納品できると、もの凄い金額になりますから。一円の攻防ですから。飽きられんようにするために新商品をどんどん出していく」

矢野が、さらに語る。

「一〇〇円っていうまあ、非常に恵まれない商売で、ふつうジャンルがあるじゃないですか、電気を集めて電気。そういうジャンルがないから、よりよいものをつくる以外にないし、そのおかげで頑張るしか選択肢が残ってなかったんですよね。ワシらは儲けようなんてだいそれたことを思うなと、売れればいいんだと、飯が食えればいいんだと」

　加藤が応じる。

「儲けより売れるってことが一番大事だっていうことですよね」

「売れればいいといったことが、まあ、お客さん第一主義に繋（つな）がって、どんどんバーッて売れだしました」

　進藤が語る。

「さっきＶＴＲ観てましたら、最初ね、借金を抱えて、ほぼ夜逃げ同然だったっていう話をされてましたが、本当ですか」

　矢野が答える。

「もう、わたし夜逃げしてましたし、倒産しかけて死のうとも思いましたけど、でもまあそういうもんがあったから、この仕事にたどり着けて、今日があるんですよね。あれがなかったら、無理でしたね」

　進藤が答える。

「ええ、じつは今回、社長の長年の悲願だったというダイソーの秘密兵器を見せていただきました」

ダイソーの儲かる秘密

ナレーションが語る。

「一〇〇円ショップの元祖、ダイソーの儲かる秘密、いったいお店ではどんな工夫をしているのか、錦糸町駅前のビル、アルカキットの七階にある店舗へ。売り場面積一〇〇〇坪、年間売上は一四億四〇〇〇万円、日本で一番売れているダイソー」

アルカキット錦糸町店小笠原彰宏店長が登場する。

小笠原が言う。

「店長の小笠原です。よろしくお願いします」

ナレーション。

「任されているのは、入社三年目の小笠原店長」

番組スタッフが聞く。

「小笠原さんが店長になってから日本一？」

「いや、そんなことないです。歴代の店長が築きあげてきたものをわたしが引きついで」

「じゃあ大したことない」

「そうですね」

「プレッシャーですね」

「それはありますね」

　ナレーションが語る。

「売上日本一というプレッシャーに負けないように、日々奮闘（ふんとう）する小笠原店長、お客さんが少なくなったのを見計らって」

　商品を陳列する小笠原たち店員。

　小笠原が説明する。

「夏物商品とかを、もっともっと売っていきたいので、今ビーチサンダルの売り場を広げているところです」

　ナレーションがつづく。

「なので、ビーチサンダルの棚にあった虫かごを別の棚へ」

　スタッフの質問。

「虫かごだって、夏の商品じゃないですか」

　小笠原が答える。

「そうなんですけど、アパレルっていうくくりでまとめたかったんです、ここはアパレル、こちらは外遊び」

　ナレーションが語る。

「営業時間中でもどんどん売り場の陳列を動かしていくのがダイソー流。売れ筋の商品を前に出したり、商品の分類を変えてみたり今回はビーチサンダルの新商品入荷をきっかけに夏のアパレル類と、遊び道具を綺麗にわけた方がわかりやすいと急遽変更、うーん並べ終わるとスッキリしました。さらに」

スタッフが店内の和風な商品が並ぶ空間を指し、質問する。

「あれはなんですか」

小笠原が説明する。

「これが『わ菜和なKURASHI』と言われるうちの新業態ですね」

ナレーションが入る。

「とても同じダイソーだとは思えないきっちり仕切られた場所で様々な和雑貨を提供するブランド、『わ菜和なKURASHI』。「ふだん使いの和」をコンセプトに小物いれや、かわいいかんざし、ヘアピン、こんなかわいいポーチまで一〇〇円。これまたお客さんが飽きませんね。

こうして四九五〇店舗まで成長したダイソーですが、ここ数年でグッとダイソーを飛躍させた秘密兵器があったんです。この秘密兵器、全国八ヵ所にある倉庫に隠されているらしい」

倉庫のなかの映像。物流部課長の高本純一郎がいる。

スタッフが聞く。

「この倉庫にダイソーの秘密があるって聞いたんですけど」

高本が答える。

「こちらでございます。これ自動倉庫です」

「商品の出荷も？」

「オートメーション」

ナレーションが語る。

「今まで人の手で全部やっていた在庫管理や仕分け作業を、オートメーション化することで配送の時間をぐっと短縮、さらには」

高本が説明する。

「昔は、お店が発注してもいつ着くか読めないところがあったんですけど、このセンターができて、必ず出荷した翌日には店舗に届くようになったので、店舗の納品スケジュールが管理できるようになってます。がっちり」

ナレーションが入り、昔の映像が流れる。

「そう、奥さんとの二人三脚で値札つけに四苦八苦、すべてを一〇〇円にしちゃった四五年前から、ひと一倍、裏方のお仕事に苦労してきた矢野社長。仕入れと配送をスムーズにする倉庫の自動化は長年の目標だったのです」

矢野が語る。

「夢ですね、こんな日がくるなんて夢にも思わんかった」

自分の頬(ほお)をつねっている矢野。

ナレーションが語る。

「いやいや、夢じゃありませんよ。広島の小さな雑貨屋さんがいまや従業員一万人の元気で儲かる会社になりました」

会社内、矢野とそのうしろにたくさんの社員たちの姿。

矢野が言う。

「ダイソーはお客様に喜んでいただいて……がっちり」

泣きだす矢野。

番組スタッフが驚きながら言う。

「社長、泣いてるじゃないですか。どうしたんですか、社長⁉」

スタッフと抱き合う矢野。

ナレーションが重なる。

「一〇〇円のハンカチもってきて」

『がっちりマンデー‼』のスタジオに戻る。

加藤が尋ねる。

「社長、あれはどういう涙ですか」

矢野が答える。

「わたしの夢は、畳のうえで死にたい。倒産なしでは生きれないと思ってたんで、こんないい思いをさせてもらって。まあ、ありがたいというよりも申しわけないような会社になったありがたさに、どうしても感無量になるんですよね。実際は、自分はダメな人間なんでですね」

「と、思っておられるっていうのが凄いことなんですけど」

「いやー、頭が悪くて顔が悪くて、足が短くて残念です」

「いや、ここまでの大企業、世界に展開する大企業の社長さんですから」

進藤が言う。

「日本も海外もお店があって、今後ですね」

加藤が引き取って言う。

「今後はどういう展開を考えてらっしゃいますか」

矢野が語る。

「生き残れれば、もうそれ以上の夢はないですね。倒産しなかったら、もうこれより大きくしたいとか海外にドンドン出たいっていう気持ちはないです。昔から小さくていいと、倒産しないということが第一目標でしたんで、もう夢はありませんですね」

「倒産しないで、ここまで大きくなって倒産しないって感謝だね。これはもうなんか本当に仏様に見えてきましたよ社長」

矢野が番組冒頭で使ったケチャップの容器とメガネを加藤にプレゼントし、おもちゃのメガネをかける加藤。メガネには垂れ目がプリントしてある。

加藤が言う。

「ああ、いいですね、なんか。こういう気持ちっていうことですよね。難しい顔してるんじゃなくて、こういう気持ちでね」

進藤が言う。

「最後に矢野社長から素敵なお知らせがあるとうかがっているんですが、教えてください」

矢野が言う。

「ダイソーセレクトという商品を世界に出してるんですけど、凄くおいしくて量もちょうどよくてですね、これが二五種類ありますんで」

「詰め合わせセットで」

「五〇名様に」

矢野をじっと見つめる加藤。

矢野が、不思議そうに言う。

「その顔は、何でしょうか」

「社長、今日ずっと感謝っていう言葉を聞いてるんですけど、社長の口から感謝っていう言葉を、五〇って聞いて、ちょっとびっくりしちゃったんで。アレって僕、止まっちゃったんですけど」

矢野が言う。

「じゃあ、一〇〇名様で」

加藤が言う。

「ありがとうございます、いいですか、大丈夫ですか」

矢野、目の前のプレゼントのお菓子をひとつ手にとり食べる。

スタジオに笑いが生まれて、番組終了。

実の息子が入社、新しい風が

矢野自身、自分の息子たちに、「なにがなんでもワシのあとを継いで社長になれ」とは言わなかった。

やはり、二代目は、本当の意味でハングリーな経営者にはなれない。

矢野は語っていた。

「北極で育った人間と、豊かなところで育った人間はちがう」
が、じつにタイミングよく、平成二七年（二〇一五年）四月、かつてダイソーの苦難時代、大学生ながら仕事を手伝っていたことのある次男の靖二がダイソーに副社長として入社してきたのだ。

矢野には、息子に自分の会社を継いでもらおうという意志はなかった。むしろ、〈入れたくない〉という気持ちの方が強いくらいだった。

しかし、矢野の心境に変化が起きる。

〈ニトリの似鳥（昭雄）さんも、ユニクロの柳井（正）さんも、子どもを会社に入れたのなら、ワシも息子を会社に入れてもいいんかな〉

入社の前日まで、矢野は葛藤した。

〈みんなで夜中まで働いて、いろんな苦労してつくって来た会社に、ワシの息子がポッと入ってきたら、みんな反発するじゃろうなぁ。ワシがもし社員なら、絶対、反発するけえのォ〉

ダイソー社内から反感を買ってしまい、うまくいっていたことがうまくいかなくなることを気に病んだ。

ところが、矢野の心配は、取り越し苦労だった。

反発など起きず、むしろ、靖二は矢野が思っていた以上の人気者になっていたことが驚きだった。

〈総スカンくうかと思ったら、意外と人望あるんじゃのう〉

矢野が思っていた以上に働いてくれることも、ありがたかった。

社員たちも、いつまでも矢野がトップにいるわけにはいかないということに気づいてくれたのであろう。

タイミング的にも、よかったのかもしれない。

一六年間スーパー「イズミ」で働いて

靖二は、大学を卒業するや、スーパーのイズミに入社した。入社後、「安芸の小京都」と呼ばれる竹原市に配属となった。練り製品、パン、アイス、牛乳という、あまり日持ちのしない、いわゆる日配と呼ばれる食品の担当となった。

定番の管理、特売の管理、発注の管理が主な仕事だった。

日配の仕事は、ダイソーで長いことしていた仕事と陸続きで、靖二としてはしやすかった。

ただし、ダイソーとちがい、食品には賞味期限や消費期限がある。消費者としては、より新しい食品をもとめてくる。賞味期限が近いものには手を伸ばさない。そこで、期限切れの近い商品は、二〇パーセントとか三〇パーセント、時には五〇パーセントの値引きをする。消費者の購買意欲をかき立てる手立てが、イズミにはあった。

靖二は、その後、五日市店に転勤したあと、仕入れを専門とするバイヤーとなった。かまぼこをはじめとする練り製品や、佃煮、餃子、ピザなどのデイリー惣菜、さらには、果物や羊羹などの水分の多い「水物」と呼ばれる食品、麺、お節料理も担当した。

靖二にとって印象深いのは、平成一二年（二〇〇〇年）六月に起きた、戦後最大といわれる集団食中毒事件であった。一万四七八〇人もの食中毒認定者を出した原因は、乳製品の大手・雪印乳業にあった。乳製品の原料・脱脂粉乳を生産していた北海道広尾郡大樹町の工場の脱脂粉乳が、停電の影響で、四時間にもわたって二〇度以上に温められた。そのあいだ、脱脂粉乳のなかでは、病原性黄色ブドウ球菌が増殖、毒素が発生した。それがそのまま乳製品の原料として使われてしまったのだった。

雪印乳業は、グループ各社の工場での生産を停止した。それとともに、全国の小売店から、雪印製品をすべて回収した。

そのとき、靖二は、チーズも担当していた。乳製品の五五パーセントをシェアする雪印製品が、売り場からいっせいに消えたのである。乳製品は、足りなくなった。それは、どの小売店も同じで、乳製品の争奪戦がはじまった。

靖二は、卸問屋に、明治乳業のトラックがいつ品卸にくるかを調べあげ、その時間に卸問屋にもぐりこんだ。乳製品が詰めてある段ボール一個一個に、黒いペンで「イズミ」と書きこんだ。すでにイズミが買い取ったと、他社が手を出しにくくなる。姑息と言えば姑息な手段であった。しかし、そこまでしても、乳製品を仕入れるために必死だった。

平成一九年（二〇〇七年）一月七日放映のテレビ番組『発掘！　あるある大事典』で納豆問題を取りあげるや、火が点いた「納豆ブーム」の際には、メーカーを相手に交渉をつづけた。メーカーは原料のある限り、生産し続ける。そのできたうちの何割をイズミにまわしてもらえるのか、ひとつでも多く納豆を仕入れようと、必死で交渉したこともあった。

工場の人数不足のために、正月のお節料理の生産が間にあわなかったこともあった。遅くとも元日には届けなければならない。靖二も従業員たちといっしょになって必死で詰めた。

すべてをつくり終えたのは元日の夕方。あわてて予約されたお客に届けに行ったこともあった。

お節料理に関していえば、配送し忘れて、配送センターに残っていたこともあった。バイヤー全員を集めて、その残っていたおせち料理を、「誰々は岡山県に行け」、「誰々は、高松に行け」と割り振り、それぞれが自家用車で配送したこともあった。

このようなバイヤーとしての経験は、ダイソー入社後に活かされることになる。

たとえば、数多くある商品の回転を速くするために、食品のノウハウを採り入れてもいいと思っている。食品関係の回転日数はおよそ五日。それに対して、ダイソーの商品は六〇日。つまり、ほぼ二ヵ月は商品の改定がおこなわれない。もっと回転を速くできれば、新商品を入れやすくなり、売上もかならず伸びる。

靖二は、平成一九年一二月、商品部の課長となった。それまでの練り製品などの日配製品にくわえて、牛乳、ヨーグルト、アイスといった乳製品、冷凍食品にも携わった。

課長としての課題は、いかにコストを下げて商品を仕入れ、利益率を上げられるか。

たとえば、豆腐。豆腐の消費期限は、せいぜい三日ほどでしかない。

しかし、コストを下げるために大量発注した場合、たった三日ではすべてをさばききれない。さばく日数を稼ぐには、消費期限を延ばすほかにない。

消費期限を延ばすには、豆腐に熱加工をせざるをえなくなる。

しかし、それをするには設備投資が必要であった。豆腐の製造をしているイズミの子会社では、そこまでの設備投資ができない。そのままの体制で進めていけばコストダウンもできないうえに、技術が遅れる。

そこで、靖二は山西義政会長に直談判した。

「子会社は、もうやめましょう」

提案したのは、別会社への発注であった。別会社に発注すれば、どれだけコストが削減できるかを示してみせた。

山西会長の判断は、あっというまだった。

「おお、それなら、やめなさい」

靖二は、消費期限と品質保持のバランスを保った豆腐の開発を、発注先の豆腐メーカーとともにおこなった。

ただ、豆腐だけに限らず、麺、かまぼこなどの、流通業界では「和日配」と呼ぶ商品メーカーのほとんどは、資本の大きくない中小企業だった。

経営が不安定で倒産を余儀なくされるところも多かった。本業から外れたゴルフ場経営に手を出して失敗する会社もあった。本業に徹していながらも、商品の低廉化（ていれんか）という時代の流れのために卸値がかつての半額にまで下がってしまった。売上が伸びず夜逃げ同然で経営者が姿をくらましてしまう会社もあった。

「おまえがちゃんと面倒を見ないから、こんなことになるんだ」

上司からは冗談交じりで言われたりもしたが、さすがにせつない思いをした。

平成二一年、靖二は、ＰＢ（プライベートブランド）開発課という新たに設置された課へと異動となった。

じつは、商品部の課長としては、数字が上げられなかった。イズミは売上成績をシビアに見る会社で、二年ほどのあいだに実績が上げられず、飛ばされた形であった。

ＰＢは、いいものができれば売れることもあったが、ほとんどの場合、売れなかった。ＰＢはそもそも流通業者のエゴである。専門メーカーが、一年中、三六五日、コーヒーならコーヒー、豆腐なら豆腐とそれぞれの商品のことを考えて開発をつづけているのに、流通を専門としている業者が、メーカーまがいなことをしても到底かなわないのが道理である。セブン&アイ・ホールディングス、イオンなどの大手ならば資本力もあり、人材もいる。売上にも繋がるだろう。しかし、イズミほどの流通業者ではそこまでの力はない。仕入れた方が安くもなる。

ＰＢ開発をはじめておよそ一年半。靖二は、転職を考えるようになった。自分がこのままイズミにいれば、バイヤーたちが商品開発ができなくなる。ただ、商品のセレクターになっており人材が育たない。そう考えたからである。

転職先は、ライフコーポレーション創業者である清水信次(しみずのぶつぐ)が中心となって設立した、流通業者の共同出資会社「日本流通産業」を考えた。イズミに入社してから一六年間、月に一度開かれる会議に、靖二は出席しつづけていた。

新たなるダイソー

靖二は、転職を前に、父親の博丈に会った。転職したい意向をあらかじめ伝えようと思っていたのである。イズミに入社してから、父親と接するのは、毎年七月の土用の丑の日のうなぎの予約、一二月のクリスマスケーキの予約をビジネスで頼むときくらいだった。靖二は、盆暮れはかき入れどきで忙しく、父親もいつも忙しくしていたからである。仕事の話は、ほぼしたことがなかった。

仕事にかかわる話をしたのは、このときが初めてだった。

父親は、直接「ダイソーに入れ」とは言わなかった。しかし、靖二は、父親から、ダイソーに入ってほしいといった雰囲気が伝わってくるのを感じていた。

ついに靖二は、ダイソーへの入社を決めた。

ダイソーに入社した靖二が感じた、ダイソーとイズミとの大きなちがいは、なんといっても社長との距離が、イズミとくらべてダイソーのほうが近い。

社長が社員を食事に連れて行くというようなことは、イズミではありえない。イズミでは、せいぜい役員クラスが食事をともにするくらいだろう。靖二も、勤続中で社長の山西泰明と食事をともにしたのは、たった二回だけだった。

さらに、商品の価格設定である。イズミではひとつひとつの商品に対して、それぞれに適正価格があり、それを軸に売価設定をする。そこには、その商品を売る部署での売上目標、店舗の売上、はたまたイズミ全体での売上など、さまざまな要因がからまる。それが、ときには売る側の「甘え」に通じてしまうこともあった。それに対し、ダイソーのほとんどの商品は一〇〇円と設定されていて動かすことはできない。甘えが許されぬシビアな価格設定のなかで、どうやって少しでも利益を上げるか。そこが考えどころでもあり、おもしろい部分でもある。

今後は、まだ出店店舗数の少ない都心部にむけて進出していきたい。

ダイソーでは、毎年一五〇店舗を出店してはいる。いまや国内で一八〇〇店舗に達した。しかし、出店の余地はいくらでもある。狙いは都市部。さらに、海外にも「価格均一商品」を広めていきたい。

ただし、そのためには、社内のスリム化、合理化を進めなければならない。つまり、これまでは、創業社長の指示のもと、数字にはそれほどこだわらずに経営してきた。数字に対する意識が浸透していて、成績が上げられなければその部署から外されるイズミのそれに慣れた靖二には信じられないほど、数字に対する意識が個々の社員には薄い。その部署で数字が上がらなくても、責任をとるところがなかった。

そのダイソーの体質を象徴するかのように、オフィスや店舗で数字を管理しているコンピュータは一五年前の製品で、とても今の時代のスピード感には乗ることができない。どの商品がいったいどれくらい在庫になっているかなどもリアルタイムではわからない。在庫数は膨れ上がるばかり。これは、父親の攻めの姿勢をあらわすものではあるが、裏返して言えば、何をどのように売って、どれだけの売上を伸ばすかといった計画性が欠けてしまっている。

これまでは、それでよかったのかもしれない。

しかし、これだけの企業規模となった今、そういうわけにはいかない。管理部門の強化が必要になるだろう。「一〇〇円均一」という基本路線を守りつづけながら、都市部に進出するには、ダイソーそのものをスリム化する必要がある。

さらに、「プラスハート」を買収した。さまざまな雑貨をあつかう流通企業で、ここでは、「一〇〇円均一」という縛り（しば）を解き放ち、「三〇〇円均一」「五〇〇円均一」「七〇〇円均一」という商品をあつかう。

流通拠点も、中国に移したい。それは、中長期的にかならず果たしたいさらなる海外進出も視野に入ってくる。

幸いなことに、ダイソーの第一線で活躍する社員の平均年齢は四〇歳前後。イズミよりもおよそ五歳ほど若い。まだまだ若い会社だ。発展できる。

靖二は、父親が創りあげたダイソーを新たなダイソーにつくりあげるために日々構想を練りつづけている。

石川政史によると、ユーモアのセンスは、矢野の息子である靖二にも引き継がれている。靖二は顔も性格も父親そっくりだから、スタッフからも好かれている。矢野は手品好きだが、靖二も手品が好きだ。遺伝子という小さな組織の中に、ここまで似た情報が詰まっているのかと思うと、石川は感心してしまう。

今後も長く、矢野には元気でいてもらいたい。しかし、靖二はずっとおなじく小売業界のスーパー「イズミ」にいて、しかもバイヤーをしていたから心強い。仕事内容に共通するところと異なる部分があるので、改善をしつつ、会社を伸ばしていってもらいたい。

ダイソーは、一生懸命に仕事をするということが重視される社風だが、イズミは数字で結果を出すことを評価基準としているようだ。

靖二は、ずっと数字を追いかけるような会社にいたから、努力と結果というふたつの要素をうまく融合してもっている。矢野は、じつの息子を会社に入れることに、気を遣った部分もあるようだが、やはり本当にリスクを取れるのは実子しかいないということで採用したようだ。

靖二はコミュニケーションが上手で、いろいろなところに広い人脈をもっている。ちょうどいい時期に、ダイソーに戻ってきてくれたと、石川は思っている。

石川が入社したころと比較し、ダイソーは、ずいぶん大きくなり、いろいろな面が変化した。しかし、一所懸命やるという部分は残しながら会社を存続させてほしいと願っている。

栗森健二によると、靖二は、もともと流通業界のスーパー「イズミ」で仕事をしてきたことに加えて、若さゆえのスピード感もある。商品についても、指導兼命令の檄（げき）が飛ぶ。

靖二の性格や雰囲気は矢野にそっくりで、にこやかで柔らかい。靖二は、学生時代からダイソーでアルバイトなどをしていたこともあって、社員にとっても親しみやすい存在だ。

ダイソーの矢野の存在感はすさまじい。渡辺有和は、この社長がいるからこそのダイソーだと思うようになった。

他社の関係者や全国のデベロッパーも、矢野との個人的な繋がりで成立している関係もある。

〈健康にだけは留意して、いつまでも辣腕（らつわん）をふるってほしい〉

渡辺はそう願っている。

栗森健二にとって、今後のダイソーとしての夢は、やはり上場することである。昔、上場するという話が社内であったのだが、矢野が「ダイソーは、お金もあるし、上場している企業以上の知名度があるのだから、わざわざ上場しなくていい」と言い、結局上場は取りやめとなった。

これから、ダイソーがステップアップしていくためには、上場は避けて通れないように感じる。

過去に一度、具体的に上場を検討していたのは、一二年ほど前になる。

店頭公開直前までいったが、矢野は上場後について試算をしてみると、得られる利益は一五億円ほどしかなかった。

そのくらいだったら手つづきの方が面倒くさそうだったので、矢野は「やめた」と言って、幹事社の証券会社にキャンセルを伝えた。

ダイソーは未上場で、矢野自身、いつか潰れる会社だからと、銀行から融資の話があるたびに上限額めいっぱい借りるようにしていた。「貸してやる」と言われると、とにかく全部借りていたのだ。

それには、矢野なりの考えがあった。

かつて、銀行出身の経理部長が矢野に言ってきたことがあった。

「社長、もう資金繰りはわたしに任せてください。これだけ預金があればやっていけますから、これ以上借りなくてもいいです」

だが、矢野はそれを戒めた。

「それはダメじゃ。事故や事件は、想定していないときに、ドカンとくる。そのときに、あと一〇億円あれば対応できたのに、資金を調達していないために潰れたということになったら死んでも死にきれん。その一〇億円を借りる力がなくて潰れるなら仕方がないが、借りられる力があるのに潰れるのは嫌だ。貸してやると言われたら、全部借りてくれ」

そう言って、経理部長にも資金調達の機会があれば、なるべく応じるように指示した。

結果的に矢野が危惧していたような大きなトラブルや損失に遭遇する機会もなく、ここまで順調に経営することができた。

だが、それもいざというときに備える意識を常にもちつづけていたからだったかもしれない。

かつて一度計画した株式の上場は現在、ふたたび検討されている。

具体的には、六年後の上場を見据え、計画しているという。相続のことを考えると、上場するしかないのだ。

今後の人生について考えた場合、矢野は、人にどう貢献できるのか、ということをよく考える。

やはり、二一世紀の企業は徳のない企業は生きられない。

昔は、力と金と土地がある企業が競争を制した。だが、今は「縮む世紀」だ。徳のない企業は倒産することを余儀なくされる。

流通業界も、多くの企業が沈んでいった。

ダイエー、長崎屋、ニチイ……。

やはり成功している企業は、徳がある。流通業界でいえば、イオンや、セブン&アイ・ホールディングスなどがそうだ。

だからこそ、社員たちには口を酸っぱくして言っている。

「幸運に巡り合えないと、どうしてもうまくいかない。国でも会社でも、歯車が空回りするばかりで、何かいい幸運と巡り合えない企業は生き残れない。そのためには、善、徳を積むしかない」

矢野は、これからの企業は、社会貢献をしなければいけないと強く考えている。

〈これからの企業の生きる道は、それしかない〉

エピローグ

平成二九年（二〇一七年）一〇月に筆者がこの作品を単行本として上梓してから、二年以上の月日が過ぎた。

この二年の間に、株式会社大創産業にはこれまでにない大きな変化が起きている。平成三〇年（二〇一八年）三月一日、創業者である矢野博丈が社長を退任し、代表権のない会長に就任した。後任には博丈の次男で、それまで副社長を務めていた矢野靖二が就任した。

靖二の就任は既定路線とはいえ、大創産業にとっては、博丈が昭和四七年（一九七二年）に前身となる矢野商店を創業して以来の四十六年の歴史において、初めてとなる経営トップの交代であった。

経営トップの交代だけではない。大創産業が運営する一〇〇円ショップのダイソーも、国内外における店舗数と総売上高の両面でこの二年の間に著しい成長をつづけている。

平成三一年（二〇一九年）三月時点で、世界二八の国と地域に進出。国内で三三六七、海外で二一七五もの店舗を展開している。二年前と比較すれば五九二店舗の増加となる。

平成三一年三月期の総売上高は、約四七五七億円。こちらも二年前の総売上高と比較すると五五七億円増。業界に占めるシェアは、約五六％と圧倒的なものになっている。

新しく社長に就任した矢野靖二は、平成二七年（二〇一五年）に大創産業に入社したあと、海外事業部のマネージャーや取締役を務め、平成二八年（二〇一六年）一一月に副社長に就任した。

社長就任以来、靖二がもっとも力を入れて取り組んできたことは何か。社長が交代して以降の、大創産業の変化について聞いてみた。

靖二は力強く語った。

「最優先事項として力を入れているのは、商品の品質管理です。直轄の品質管理部を立ち上げて、体制強化のために人材を集めて、そのための体制を整えてきました。これまでも『少しでもお客様に喜んでいただけるより良い商品をお届けしよう』という大方針のもと取り組んできましたが、世界へのさらなる進出も考えて、国ごとに事情の異なる規制にも対応し、世界基準に適合できるより厳しい品質管理の体制づくりを進めています」

ダイソーは、現在、世界二八の国と地域に進出している。それぞれの国によって、宗教や文化的な背景が異なるのと同じように、商品に対する規制も異なっている。

例えば、オーストラリアでは、子供用の玩具に対する規制が非常に厳格だ。ボタン電池一つとっても、子供の誤飲を防ぐために、電池投入部分をネジで本体部分に確実に固定することが要求される。

ダイソーでは、店舗を展開しているそれぞれの国の規制を踏まえながら、最良の商品を店舗で販売するための努力を日夜続けている。

海外での物流拠点の整備も推進している。

ダイソーでは、平成三一年の春からマレーシアのクアラルンプールに物流拠点となる倉庫を借り、主に中東や東南アジアに向けて、商品を発送している。これまでは中国の倉庫が担っていた役割の一部の機能をマレーシアへと移管したかたちだ。

まだ運用を開始して日も浅いこともあり、課題は多い。だが、迅速な流通をよりいっそう進めるためには必要なことだった。

流通業界の競争は非常に激しい。

靖二は、海外の競合他社の動きを見るたびに、彼らのスピードの速さに舌を巻くという。また、今後は、ヨーロッパやアフリカ、インドなどこれまで進出していない国や地域にも店舗を展開していきたいと意欲を見せる。

二年前のインタビュー時、靖二が意欲を見せていた日本国内の都市部への出店についても、ダイソーでは現在、精力的に取り組んでいるという。

将来的な人口減を考えると、郊外の店舗に比べて、都市部の店舗の位置づけはさらに重要になってくる。

ダイソーは、今後も都市部での積極的な店舗展開をすすめていくという。

また「一〇〇円均一」とは異なる業態となる、三〇〇円の商品を中心に展開する「プラスハート」と「スリーピー」の店舗展開も著しい。

現在は、それぞれ合計で八三の店舗（二〇一九年一二月末現在）を展開しているが、今後は、スリーピーを年間二〇店舗前後オープンさせることを目標にしている。また海外進出も積極的にはじめ、シンガポールで二店舗をオープンさせている。

今後は、マカオやフィリピンなどでも展開していく計画だという。

靖二は、就任以来、最新のシステム導入による商品管理の体制づくりも進めている。これまで本社や店舗で数字を管理しているシステムは、古いものが多かった。だが、来期（令和二年度）を目標に新システムでの稼働を進めているという。

また、ここ数年、日本列島には大規模な自然災害が発生している。災害時には、多くの店舗を有するダイソーも、被害を受けることが多い。

と同時に、被災地にとって、緊急時に必要とされる電池や簡易型の食器を安価で手に入れられる一〇〇円ショップは、非常に大きな存在となっている。

ダイソーでは災害時の迅速な店舗の再開にも力を入れているという。

靖二が語る。

「災害があると、当社の店舗も被害を受けて一時的に閉じることもあります。ですがその時には迅速にお店をオープンさせることを心がけています。他社が品揃えが間に合わなくて開店できない中で、ダイソーはいち早く開店させます。ダイソーには、生活必需品の在庫がたくさんありますから。被災地に運びこむのは大変ですが、そこはいっそう努力しています。物流が復活し、他社の商品がそろうようになると、ダイソーは逆に店を閉じて本格的な復旧をはじめるんです。店舗の従業員には苦労をかけますが、被災者にとっては、物流が復活するまで、当社の店舗をライフラインとして活用いただくのです」

靖二にとって、父の博丈はどのような存在なのか、そして、会社の将来をどのように描いていくのか――。

それらの質問に、靖二は答えた。

「父と自分を比較したことはありません。一代の叩き上げで、会社をここまで大きくした父と自分を比較すること自体、おこがましいです。父は、今後も自分にとっては越えられない果てしない壁となるでしょう。これからますます流通業界の競争は激しくなり、一〇年後の見通しも難しい時代になります。ですが、父の時代のＤＮＡも継承しながら、時代に合わせた変化を成し遂げて、さらなる成長ができるかがポイントになると思っています。今後は、品質管理の向上による商品リスクの低減化や、グローバル展開を進めるために基幹システムの刷新と物流の最適化に向けて、スピード感をもって取り組んでいかなければいけません」

いまや日本人の生活にとって欠かせない存在となっている一〇〇円ショップ。

その業界のトップリーダーである大創産業が今後どのような発展を遂げていくのか、常に楽しみながら、注目していきたい。

謝辞

この作品を執筆するにあたり、株式会社大創産業の矢野博丈会長に、一〇年以上に及ぶ長期間にわたり、インタビューを重ね、取材にご協力いただきました。

矢野靖二代表取締役社長には、執筆時だけでなく、文庫化にあたっても、インタビューにご協力いただきました。

また、株式会社大創産業の石川政史、大原貴光、木村仁美、栗森健二、渡辺有和の各氏（五十音順）、もみじ銀行特別顧問の森本弘道氏、矢野会長の次兄の栗原幡二氏、矢野会長の小学生時代の同級生にあたり、一般社団法人海上安全ネット理事長の近藤英昭氏の取材協力を得ました。お忙しいなか、感謝いたします。

本文中の肩書は、その当時のもの、敬称は略させていただきました。

また、『社長の哲学』（矢野博丈ほか著、致知出版社）、『人を覗（み）にいく』（佐野眞一著、ちくま文庫）を参考にいたしました。

令和二年一月一五日

大下英治

（本書は、平成二十九年、さくら舎より刊行された同名単行本に加筆・修正を施したものです）

百円の男　ダイソー矢野博丈

一〇〇字書評

切り取り線

購買動機（新聞、雑誌名を記入するか、あるいは○をつけてください）	
□（　　　　　　　　　　　）の広告を見て	
□（　　　　　　　　　　　）の書評を見て	
□ 知人のすすめで	□ タイトルに惹かれて
□ カバーが良かったから	□ 内容が面白そうだから
□ 好きな作家だから	□ 好きな分野の本だから

・最近、最も感銘を受けた作品名をお書き下さい

・あなたのお好きな作家名をお書き下さい

・その他、ご要望がありましたらお書き下さい

住所	〒				
氏名		職業		年齢	
Eメール	※携帯には配信できません	新刊情報等のメール配信を 希望する・しない			

この本の感想を、編集部までお寄せいただけたらありがたく存じます。今後の企画の参考にさせていただきます。Eメールでも結構です。

いただいた「一〇〇字書評」は、新聞・雑誌等に紹介させていただくことがあります。その場合はお礼として特製図書カードを差し上げます。

前ページの原稿用紙に書評をお書きの上、切り取り、左記までお送り下さい。宛先の住所は不要です。

なお、ご記入いただいたお名前、ご住所等は、書評紹介の事前了解、謝礼のお届けのためだけに利用し、そのほかの目的のために利用することはありません。

〒一〇一‐八七〇一
祥伝社文庫編集長　坂口芳和
電話　〇三（三二六五）二〇八〇

祥伝社ホームページの「ブックレビュー」からも、書き込めます。
www.shodensha.co.jp/bookreview

祥伝社文庫

百円の男　ダイソー矢野博丈

令和 2 年 2 月 20 日　初版第 1 刷発行

著　者　大下英治
発行者　辻　浩明
発行所　祥伝社
東京都千代田区神田神保町 3-3
〒 101-8701
電話　03（3265）2081（販売部）
電話　03（3265）2080（編集部）
電話　03（3265）3622（業務部）
www.shodensha.co.jp

印刷所　堀内印刷
製本所　ナショナル製本
カバーフォーマットデザイン　芥　陽子

 ISBN978-4-396-34602-7 C0193

祥伝社文庫の好評既刊

阿部牧郎
神の国に殉ず ㊦
小説 東条英機と米内光政

東京裁判、一人は被告人席に、もう一人は証言台に――。二人の生涯を通して描く、日本と日本国民の本質。

家田荘子
俺の肌に群がった女たち

若い女たちに異変が起こっている。六本木でハワイで、彼女たちは褐色の男に何を求め……衝撃の記録！

家田荘子
極道おんな道

鉄砲玉の女から親分の女へ……。極道を愛したがゆえに、非情の世界に生き、殺人者となった女の凄絶な生を描く。

岩川 隆
日本の地下人脈
戦後をつくった陰の男たち

岸信介（きしのぶすけ）・満州人脈、児玉誉士夫（こだまよしお）・上海人脈、中曽根康弘（なかそねやすひろ）・海軍人脈……彼らはいかにして君臨し得たのか？

加治将一
龍馬（りょうま）の黒幕
明治維新と英国諜報部、そしてフリーメーソン

明治維新の英雄・坂本（さかもと）龍馬を動かしたのは「世界最大の秘密結社」フリーメーソンだったのか？

加治将一
舞い降りた天皇（すめろぎ） 上
初代天皇「X」は、どこから来たのか

天孫降臨を発明した者の正体は⁉「邪馬台国」「天皇」はどこから来た？日本誕生の謎を解く古代史ロマン！

祥伝社文庫の好評既刊

加治将一　舞い降りた天皇 下

初代天皇「X」は、どこから来たのか

卑弥呼の墓はここだ！　神武東征、三種の神器の本当の意味とは？　隠された日本古代史の秘密を暴く。

加治将一　幕末維新の暗号 上

群像写真はなぜ撮られ、そして抹殺されたのか

坂本龍馬、西郷隆盛（さいごうたかもり）、高杉晋作（たかすぎしんさく）、岩倉具視（いわくらともみ）、大久保利通（おおくぼとしみち）……英傑たちが結集の瞬間!?　この写真は本物なのか？

加治将一　幕末維新の暗号 下

群像写真はなぜ撮られ、そして抹殺されたのか

古写真を辿（たど）るうち、見えてきた奇妙な合致と繋がりとは――いま、解き明かされる驚愕の幕末史！

加治将一　失われたミカドの秘紋（ひもん）

エルサレムからヤマトへ――「漢字」がすべてを語りだす！

渡来した神々のルーツがここに！　ユダヤ教、聖書、孔子、始皇帝、秦氏……すべての事実は一つに繋がる。

加治将一　西郷の貌（かお）

新発見の古写真が暴いた明治政府の偽造史

あの顔は、本物じゃない!?　合成の肖像や銅像を造ってまで偽のイメージを植えつけようとした真の理由とは？

加治将一　幕末 戦慄の絆（きずな）

和宮（かずのみや）と有栖川宮熾仁（ありすがわのみやたるひと）、そして出口王仁三郎（でぐちおにさぶろう）

謎に包まれたその生涯と、和宮に関わる人物たちの発言・行動――そこから明治維新最大のタブーの核心が浮上！

祥伝社文庫の好評既刊

森　詠
黒の機関
戦後、「特務機関」はいかに復活したか

戦後、平和憲法を持ち、民主国家へと変貌を遂げたはずの日本の裏側で、暗躍する情報機関の実態とは！

森川哲郎
疑獄と謀殺
戦後、「財宝」をめぐる暗闘とは

重要証人がなぜ自殺するのか!? 戦後もたらされた政治腐敗につきまとう疑獄と「怪死」、その裏面を抉る！

森川哲郎
秘録 帝銀事件

昭和二十三年、国民を震撼させた大量毒殺事件。画家・平沢貞通の逮捕には数多くの矛盾があった。

矢田喜美雄
謀殺 下山事件

「戦後最大のミステリー」と言われる下山事件。徹底した取材を積み重ねた著者が、その謎を追究する。

吉原公一郎
松川事件の真犯人

占領下の日本、とりわけ昭和二十四年は〝謀略の年〟であった。今こそ読まれるべき迫真のドキュメント。

渡部昇一
東條英機歴史の証言
東京裁判宣誓供述書を読みとく

日本はなぜ、戦争をしなければならなかったのか？――日本人が知っておくべき本当の「昭和史」。

祥伝社文庫　今月の新刊

大下英治

百円の男　ダイソー矢野博丈

「利益が一円でも売る！」ダイソー創業者の波瀾万丈の人生とその経営哲学に迫る！

笹沢左保

断崖の愛人

「妻は幸せのために自分の心すら殺す」幸せに執着する男と女の愛憎を描いたミステリー。

黒崎裕一郎

必殺闇同心　人身御供(ひとみごくう)　新装版

色狂い、刀狂い、銭狂い——悪党どもの犠牲となった民の無念を、仙波直次郎が晴らす！

睦月影郎

壬生(みぶ)の淫(みだ)ら剣士

「初物、頂いてよろしおすか？」無垢な若者新(しん)左(ざ)は、京女から性の悦びを知ることに。

有馬美季子

はないちもんめ　世直しうどん

横暴な札差(ふださし)が祝宴で毒殺された。遺産を狙う縁者全員に疑いが……。人気シリーズ第六弾。